U0611667

中华先烈人物故事汇

邓恩铭

主　编

张树军

副主编

王相坤

编　著

王相坤　李克实

学习出版社

目 录
Contents

引 子

邓恩铭，1901年1月5日生，贵州荔波人，水族。1931年4月5日在济南英勇牺牲。

邓恩铭是中国共产党的创始人和中国工人运动的先驱领袖之一，山东党组织早期的创建者和领导者，无产阶级革命家，2009年9月被评为"100位为新中国成立作出突出贡献的英雄模范人物"。

邓恩铭出生在水族山寨，少年时在家乡小学读书，1918年考入山东省立一中，之后积极投身于五四运动，成为学生运动领袖。1921年春，和王尽美等秘密创建济南共产党早期组织。1921年7月，赴上海出席中国共产党第一次全国代表大会，是中共一大代表中唯一在校就读的中学生，也是唯一有着少数民族身份的代表。1922年1月，赴苏俄参加远东各国共产党和民族革命团体代表大会。1922年秋以后，根据党的指示，长期扎根基层，孤身奋战，筚路蓝缕，在淄博、青岛等地发展党的组织，开展工人运动，创建了淄博、青岛等地的党团组织，在中国工人运动处于低谷时掀起了工人运动的新高潮。1925年8月，任中共山东地方执行委员会书记。1927年4月，出席中国共产党第五次全国代表大会。1927年8月后，两次任中共山东省委书记，领导了山东地区的秋收起义，并同党内腐败分子进行坚决斗争，成为中共历史上的反贪第一人。1929年1月因叛徒告密被捕，其间领导了震惊全国的狱中斗争。1931年4月5日，被国民党杀害于济南，是党的一大代表中第一个牺牲在敌人刑场上的共产党员，时年30岁。

邓恩铭是水族在全中国知名度最高的人，一生充满传奇色彩。其斗争足迹踏遍山东大地，是党的一大后长期扎根基层播火开拓的党的一大代表，为中国革命作出了突出贡献。其对革命事业的无限忠诚，顽强不屈的战斗意志和百折不回的斗争精神，体现着无产阶级革命家的云水襟怀、松柏气节，闪耀着光彩夺目的伟人风采。

大山的子孙
向太阳

1961年8月21日，车轮滚滚，汽笛声声，一列由北京开往武汉的绿色列车风驰电掣，奔驶疾行。车上，一位古稀长者遥望窗外飞驰而过的河流山川，思绪飞向齐鲁大地、泰山之巅，感念战友挚情，回首往事如昨，在隆隆的车厢内，挥笔写下一首饱含深情的七言绝句，《忆王尽美同志》：

四十年前会上逢，
南湖泛舟语从容。
济南名士知多少，
君与恩铭不老松。

诗的作者，是时任中华人民共和国副主席董必武。诗中的"会"，指1921年7月中国共产党第一次全国代表大会，此时刚过去40年；诗中的"君"，指山东党组织的创建者之一王尽美，"恩铭"，指另一位山东党组织的创建者：邓恩铭。

王尽美和邓恩铭，都是中国共产党第一次全国代表大会的代表，当年，和毛泽东、董必武、陈潭秋等一起会聚沪上，荡舟南湖，共同缔造了伟大的中国共产党。到董必武写这首七言绝句时，王尽美和邓恩铭已先后离别人世：1925年，王尽美因积劳成疾，不幸英年早逝，时年27岁；6年后，邓恩铭英勇牺牲在敌人的枪口下，时年30岁。王尽美和邓恩铭，是董必武终生不能忘怀的战友和同志！虽然诗的名字冠以《忆王尽美同志》，实际上是董必武对王尽美和邓恩铭的共同怀念，是对为山东革命作出巨大贡献的所有战友的深切怀念，是对所有中国革命先烈的永远的怀念！

邓恩铭，贵州荔波人，水族，中国革命的先驱，中国共产党的创始人之一，无产阶级革命家。他的一生充满传奇色彩，是水族在全中国知名度最高的人。在他短暂而光辉的一生中，追求真理，追求光明，为马克思主义的传播，为中国工人运动和中国革命事业，作出了突出贡献，直至倾洒满腔热血。30年后，烈士的鲜血化作满天彩霞，祖国大地锦绣如画，董必武抚今追昔，望风怀想，殊深轸念，遂有深情感人的诗作磅礴而出。

"世界遗产地，地球绿宝石"，荔波地处黔南边陲，属于少数民族聚集地区，山川秀丽，气候宜人。今天的荔波，处处是景，步步如画，一个十几万人的小县，就有两个世界级旅游名片，是五湖四海游人纷至沓来的旅游胜地。而现今名噪天下的旅游胜景，过去多是穷山恶水贫瘠之地。"地无三分平，人无三分银"，说的就是以前的荔波。

1901年1月5日，20世纪的太阳刚升起来的第5天，邓恩铭出生在荔波县一个水族山寨里。

但新世纪的太阳，没有驱散旧时代昏沉沉的暗夜，没有给人们带来新的光芒。邓恩铭出生在一个风雨飘摇、国弊民穷的特殊历史时代，邓恩铭的童年，是在贫穷和磨难中艰难地度过来的。

中国有56个民族。"五十六个民族五十六朵花，五十六族兄弟姐妹是一家"，这话一点没错。邓恩铭的祖上是汉族，在邓恩铭出生的130年前，由广东梅县迁到贵州荔波，经过八代居住，世代与当地居民开亲，同俗同文，同讲水语，实现了亲密的民族融合，成为标准的水族人家。

水，是人类生命之源，谁都离不开它。水族，更是处处与水为邻，时时与水相伴。邓恩铭出生的村子叫水浦村，邓恩铭出生的房舍叫水井寨。这里位于荔波县城东北，距县城约40华里。4年后，因在寨子里日子难以为继，邓恩铭随父母搬进荔波县城，住在荔泉旁边，依然以水为邻，与水作伴。

邓恩铭出生的时候，全家8口人。邓恩铭是此时邓家第三代的长子，乳名"老乖"。"乖乖"，是长辈对后辈的昵称，"老乖"，尽显邓家对这个长孙的喜爱。但邓家人多地少，难得温饱，长辈再喜爱也挡不住孙子要饿肚子。好在邓恩铭的祖父邓锦庭和父亲邓国琮都懂医术，除了农闲时外出走乡采药行医，又在县城行医卖药，悬壶济世，养家糊口。家中的人口越来越多，吃到每个人嘴里的粮食越来越少。山寨没有土地，打不下来粮食，于是邓恩铭4岁那年，全家离开水浦村，搬进了荔波县城。父亲行医卖药，母亲做些手工贴补家用，后来又专门起早摸黑做豆腐，走街串巷卖豆腐。邓家靠着微薄的收入，勤勤谨谨，实实在在，和当时绝大多数老百姓一样，过着穷苦的日子。

日子再穷，也得去过，日子再苦，也想过好。少数民族能歌善舞，既用歌声歌颂美好生活，也用歌声分解苦难生活。与之而来的，是"水家的山歌唱不完，夜连夜来天连天"。节日，到处是熙熙攘攘的人群，一首首美妙的山歌成排成串，樟江水般尽情流淌，你唱我和，此起彼伏，从太阳出唱到月亮落。而经过几代融合，邓家也有了少数民族的开朗性格和如火情怀。邓恩铭的祖母，就是远近闻名的水族女歌手。邓恩铭打小被悠扬动听的歌声吸引、陶醉、滋润。20年后，身在济南的邓恩铭，还念念不忘大山里的民歌，写信请家人帮他收集各民族的民歌。

少数民族的民歌，没有专门的词作家、曲作家，人人是现成的词作家、曲作家，出口成章，开口就唱，唱生活，唱爱情，唱幸福，唱苦难。就连邻居劝架，也能现编现唱，真的是说着说着就唱起来了。唱歌得要押韵，押韵才能成歌。水族的语言文字元音达到 71 个，差不多是普通话的 3 倍，声调 8 个，是普通话的 1 倍，因此学起来难，学会后再去吟诗作歌，又相对容易得多。

这样的生活环境，造就了邓恩铭出众的艺术思维，小小年纪就能创作诗歌，一生中留下不少诗作。就像后人称赞的那样：能歌且善吟，奋斗育诗人。而贫苦的生活环境，使邓恩铭的诗歌真切地反映出社会下层劳动人民的苦与乐。15 岁那年，邓恩铭创作出一首备受称道的歌谣：

种田之人吃不饱，

纺纱之人穿不好，

坐轿之人唱高调，

抬轿之人满地跑。

这首歌谣，朴实无华，概括准确，爱憎分明，反映了少年邓恩铭的真情实感。据说，他的老师高梓仲为此手挽邓恩铭，以当地人的上等礼节火锅宴，款待了自己的学生。

水族的民歌歌唱生活，更歌颂英雄。而水族歌颂民族英雄的长篇叙事诗，更是慷慨悲壮，气吞山河。当时，水族人唱得最多的英雄，是"简大王"。"简大王"，是水族人民对清代后期荔波水族农民起义领袖潘新简的尊称，歌中歌颂了潘新简率领以水族农民为主体的各民族起义军，向着清王朝统治英勇冲击的事迹，歌唱他的顽强不屈，歌唱他战斗到最后一个人的卓越精神。邓恩铭从小就被这些民族英雄的事迹感染。后来，邓恩铭专门赋诗："潘王新简应该称，水有源头树有根。总为清廷政腐败，英雄起义救民生。"

作为大山的子孙，少年邓恩铭的心中已经种下了满满的正义和善良的种子。100 年后，电影《少年邓恩铭》就是依据这时邓恩铭的生活经历和思想情感而创作出来的。

1911 年 10 月，武昌起义爆发了，辛亥革命胜利了，清王朝跟着倒台了。也就是在这一年，邓恩铭进入荔波县模范两等（即初等、高等）小学堂读书。这是一所 7 年制新式学校，学校里有几位思想进步的教师，给学校带来了一丝新风。他们向学生宣讲孙中山的革命主张，注重培养学生的民主精神。邓恩铭在这里读了6年书，也在这里萌生了反帝反封建的民主革命思想。

一次，上历史课，曾留学日本的高老师讲到帝国主义对中国的侵略，历数帝国主义迫使清政府签订的不平等条约。其中讲到，德国帝国主义强迫清政府签订《胶澳租界条约》，占领了我国美丽的海滨城市青岛，日本帝国主义又借第一次世界大战之机强占青岛，而中国却不能收回。

邓恩铭"腾"地从座位上站了起来，满腔义愤地大声说道："老师，为什么不把日本帝国主义赶走？"

全班同学本来屏息静气听老师讲课，课堂上寂静无声，邓恩铭的声音显得格外愤怒，格外响亮。大家看着邓恩铭，觉得邓恩铭肯定要挨老师批评。

高老师的举动出乎同学们的意外，他非但没有指责邓恩铭，而且看上去很满意。高老师和蔼地让邓恩铭坐下，向同学们讲了军阀勾结帝国主义、出卖国家主权的卑劣行径，激励同学们为民族的未来而奋起、而努力，为国家的前途而拼搏、而抗争。

1915年，窃国大盗袁世凯企图复辟帝制，为争取日本帝国主义支持，不惜出卖民族利益，签订"二十一条"的卖国条约。消息传到荔波，山城震惊，群情激奋。高老师带领学生走上街头，向群众揭露日本帝国主义的侵略野心和袁世凯的卖国罪行，号召大家抵制日货，同帝国主义进行斗争。

当时，日本经过工业革命，进入机器生产时代，生产的商品价廉物美，品种多样，在中国十分畅销。如果单是通商，这当然不是坏事。但日本是靠着军舰大炮强行霸占了中国的市场，目的是把中国变成自己的殖民地和商品倾销地，中国的民族工业被压得抬不起头来。因此抵制日货，既是体现民族气节之举，更是为着民族的生存。

邓恩铭积极参加到宣传演讲的行列，站在高高的石头上、土堆上，义愤填膺，慷慨激昂，号召大家勇敢地站起来，反对日本帝国主义。不仅参加演讲，还带头抵制日货。邓恩铭家境贫苦，买件物品很不容易。为了表示反对投降卖国的决心，他把自己用过的洋货，包括一副松紧袜带当众烧掉。

这还不算。演讲罢回到家中，看到自己的二舅戴着一顶东洋草帽，邓恩铭上前一把抢下草帽，摔到地下，用脚踩碎，并质问二舅："大家都在抵制日货，你怎么还把日货顶在头上？"

大山的子孙向太阳，太阳照耀着山里人。邓恩铭，犹如莽莽大山中一颗成熟、饱满、挚诚的松柏种子，热切地向往太阳，向往光明，向往着发芽生长，向往着民族独立和国家富强。

男儿立志出乡关

　　读书，是旧社会改变人生命运的一条捷径，但凡家庭有一点可能，就要让下一代去读书。邓家也不例外。而邓恩铭天资聪明，勤奋好学，父母对他充满期待。6岁时，邓恩铭被送到私塾读书，4年后进入小学学习，到1917年，已经上到小学六年级，再有一年，就小学毕业了。

　　这时的邓恩铭，既有一定的知识文化根基，也有了济世救民的思想情感。随着年纪一天天长大，邓恩铭渴望知识、追求光明的愿望也愈加强烈。

　　当时的荔波，信息闭塞，交通隔绝。军阀对各族人民敲骨吸髓的压榨和统治，使老百姓的日子沦于水深火热之中。残酷的社会现实，使邓恩铭经常陷于思索：这究竟是为什么？怎样才能使社会安宁，让老百姓安居乐业？书本里找不到现成的答案，老师的回答也往往不能令他满意。于是邓恩铭萌生出一个愿望：走出大山，到外地求学，去拥抱一个更为广阔和精彩的世界。由于经常听老师讲到山东半岛，于是他给在山东做官的叔叔黄泽沛写了一封信，希望能到山东去读书。

山东，是孔老夫子的家乡，是一个在人们心中充满了诗书礼乐的地方。邓恩铭的叔叔黄泽沛，这时正在山东的一个县衙里做官。

黄泽沛还有个名字，叫邓国瑾，与邓恩铭的父亲邓国琮同枝连根，是一个亲爷爷，一样的国字辈，因为叔叔过继给姑母家，才随了黄姓。黄泽沛是前清进士，读了书就去做官，属于学而优则仕的成功一族。清代的官吏制度，规定官员必须异地做官，离自己的家乡很远，而且要做"裸官"，也就是不准带家眷，想回趟家，不管是骑马还是骑驴，少则一两个月，远的要走半年，为的是避免裙带风，防止官员以权谋私。黄泽沛律己甚严，从步入仕途，就一个人孤零零地在山东做官。那时没有电话，没有视频，多少年都见不到妻儿一面，听不到一点乡音。接到邓恩铭的信，黄泽沛觉得邓家有这样一个可造之才，殊为难得，虽姓氏不同，但血脉相连，于是立马回信，支持邓恩铭到山东求学。同时决定结束"裸官"生活，让家人和邓恩铭一起，到山东定居。

这一年，邓恩铭16岁。

1917年8月，赤日炎炎，骄阳似火，邓恩铭肩背行囊，心怀憧憬，与叔母和堂弟一起，踏上了奔赴千里之外的漫漫求学之路。翻越重重大山，涉过道道河流，顶烈日，冒酷暑，经香港，过上海，水陆辗转，风雨兼程，经过长途跋涉，于当年10月来到了山东省会济南，真的是千山万水，仆仆风尘，舟车劳顿，一路艰辛。邓恩铭从此离别了自己的家乡，一生再也没有回到过荔波故里。

这时，黄泽沛依然在县里做官，但把家安在了济南。到济南后，邓恩铭也取了个黄姓名字——"黄伯云"。这个名字，为他日后从事革命活动提供了很多便利条件。而黄泽沛也在事实上给邓恩铭进行革命活动提供了不少帮助。

邓恩铭千里迢迢来到山东，是为了追求救国救民的知识和道理。一开始，他相信教育能够救国，认为搞好教育，中国就能富强，国家就不受欺负。第二年，邓恩铭以优异成绩考入山东省立第一中学。省立一中是山东的名牌学校，良好的学习环境，使邓恩铭在这里如鱼得水，眼界大开，知识猛进，常常秉烛夜读，通宵达旦。

黄泽沛是个读书人，读书人也喜欢去看别人读书。看到邓恩铭如此勤奋好学，黄泽沛非常高兴，把邓家光宗耀祖的希望都寄托在邓恩铭身上，对邓恩铭悉心培养，比对自己亲儿子都要上心。每次回家，都要给邓恩铭一些零花钱，叫他去买衣服、买鞋袜。但邓恩铭从不乱花钱，省下的钱都拿去买书。为了充分利用学习时间，他从条件较好的二叔家中搬到学校寄宿，以专心投入学习当中。

黄泽沛看在眼里，喜在心头，于是不惜花费400元巨款，给邓恩铭买下一套《四库全书》。《四库全书》，是乾隆时期编修的大型丛书，收录图书3462种，79338卷，3.6万余册，约8亿字，卷帙浩繁，汗牛充栋，书山学海。当时一个县长每年的工资不过 200 多元，400 元，需要黄泽沛一家不吃不喝两年才能积攒下来。可见黄泽沛对邓恩铭的期望之高，用心之苦。

然而，邓恩铭并不想单去追求个人的功名利禄、荣华富贵。山河破碎，国贫民弱，使邓恩铭时时萦绕于胸，常常夜不能寐。从贵州到济南，沿途所见所闻，深深刺激着邓恩铭善良正直的心灵。而这时的山东，既处在封建军阀的统治下，又遭受着帝国主义的侵略掠夺，山东的老百姓和荔波的乡亲们一样，痛苦不堪，民不聊生。在济南的大街上，邓恩铭亲眼看到日本帝国主义者如何耀武扬威、专横跋扈。他不时想起荔波课堂上高老师给自己上的那些历史课，而现在，历史课中讲的内容成为亲身感受到的耻辱，邓恩铭的志向自然不再是学业和功名，而是要实现救国救民的理想和抱负。

爱国的激情在邓恩铭的心中涌动激荡。国家兴亡，匹夫有责，他下定决心：读书不能为一人一家，而应致力于挽救国家和民族的危亡！

非学无以广才，非志无以成学。邓恩铭的学业志向，已经升华为国家之志、民族之志，已经把自己的学业与民族存亡紧紧地联系在一起，与改变穷苦大众的悲惨命运紧紧地联系在一起。

投身五四洪流

确定了自己的人生目标，邓恩铭即沿着这个方向，义无反顾，砥砺前行，矢志不渝。

在山东，邓恩铭参加的第一个爱国救民的行动，是投身于巨浪滔天、气势磅礴的五四洪流。

五四运动是一场以青年学生为主、全国各个阶层共同参与的反帝爱国运动，在中国社会发展中具有历史分期的意义，直接影响着近代中国社会的发展进程。五四运动高潮于北京，澎湃于全国，却由山东肇始，又以山东结束。邓恩铭自始至终参与了伟大的五四运动，见证了运动的整个过程。

五四运动的直接导火索，是北洋军阀政府要在丧权辱国的巴黎和会和约上签字，起因则是日本帝国主义对山东半岛的肆意侵略。

山东半岛，又称胶东半岛，是中国最大的半

岛，拥有青岛、烟台、威海等中国著名的港口。1897年，德国无理派兵强占了胶东半岛的胶州湾，之后将魔爪伸向山东半岛以至整个山东。第一次世界大战中，日本借对德宣战之机，占领了德国在山东半岛的所谓租借地，并胁迫北洋军阀政府，意欲长期霸占山东半岛。山东人民对日本帝国主义恨之入骨，第一次世界大战还没有结束，山东人民即要求收回被日本霸占的民族权益。1918年11月，第一次世界大战刚刚结束，山东人民首先掀起了中华民族反对日本帝国主义的斗争。随着巴黎和会各种消息不断传回国内，1919年4月，山东各界人士在济南举行各种抗议请愿活动。山东是当时中国人民开展反帝爱国运动的主战场，山东成为当时全国人民热切关注的焦点地区。

省立一中的同学们，自然参加了山东的反帝爱国活动。而从大山中走出来的邓恩铭，更切身感受到日本帝国主义的无耻侵略，在斗争中一直冲在前头。巴黎和会期间，邓恩铭和山东人民群众一起，坚持对帝国主义进行斗争，散发传单，进行演讲，在许多活动中都能看到邓恩铭的身影。

但是，北洋军阀政府在日本的威逼下，置民族大义于不顾，竟然向日本递交换文，"欣然同意"把原来德国的租借地交给日本。此举也为帝国主义列强提供了瓜分中国的借口。北洋政府的投降卖国行为，激起举国震怒。5月4日，北京13所高校3000多名学生在天安门前举行示威，向全国发出通电，并火烧赵家楼。轰轰烈烈的五四爱国运动山呼海啸、气冲霄汉般地爆发了！

五四运动的消息第二天即传遍全国。山东人民闻悉，立即予以响应。而北洋政府逮捕北京学生的消息，更激起山东人民的愤慨。省立一中的学生立即联合济南其他学校的学生，有组织地进行宣传讲演，声援北京学生。这时邓恩铭还不是省立一中学生运动的负责人，却是一名非常活跃的学生运动积极分子，经常奔走于济南各个学校，进行串联和鼓动工作，在同学中崭露头角，受到同学们的拥护，逐渐成为省立一中学生运动的领袖人物。

5月7日，山东暨济南各界62个团体3.5万多人，在省议会门前举行山东各界国耻纪念大会。邓恩铭和省立一中的学生参加了这次大会。会场上旗帜飞扬，气氛激昂，愤怒的口号声此起彼伏。大会分别致电北京政府、巴黎专使和北京的学生，要求严惩国贼，共挽危亡。当天晚上，济南中等以上21所学校学生代表70余人召开会议，电请北京政府释放被捕学生，严办卖国贼，要求北京政府两日内予以答复，否则所有学生立即罢课。

通电自然是泥牛入海，无声无息。5月10日，邓恩铭等带领省立一中的学生，会同济南城内外20多所中等以上学校的学生，冲破军警的重重阻拦，会集在省议会门前，举行学生联合大会。上万名学生情绪激愤，怒气填胸，除了申明通电中的立场，还要求省长发给学生枪械，以预备外交破裂，去做武力斗争的先锋。5月19日，北京学生再次实行总罢课。5月23日，济南学生也实行总罢课。邓恩铭等把省立一中的学生组织成若干个讲演团，分赴城内外各街道进行讲演。邓恩铭在讲演中历数日本帝国主义侵略中国的罪行，历数北洋政府的无耻卖国行为，号召人们速醒爱国，奋力救亡。他的演讲声情并茂，慷慨激昂，富有感染力，听众无不感动愤恨，齐呼"誓死救国"。

山东人民的反帝爱国运动，引起山东军政当局的极度恐慌。5月29日，山东督军张树元指令警察厅连续发布禁止群众集会、禁止抵制日货的布告，威吓"如有违者，逮捕严办"。邓恩铭和其他学校的学生领袖立即共同发表宣言，对布告的内容逐条予以驳斥。6月9日，在济南学联的组织发动下，济南各界群众近万人在省议会门前集会，决定第二天在济南全市举行罢市。当晚，济南商、学界代表在省立一中召开联席会议，通过了《罢市宣言》。山东统治当局对此十分害怕，竭力阻挠。第二天，济南城满大街都是荷枪实弹的军警，严密封锁各个街道，阻止学生上街，不准商户罢市。学生们不顾威逼恐吓，在枪口下沿街动员商户罢市。有的商户在军警威逼下不得已打开店门，不少学生捶胸痛哭，大声呼号，甚至跪求商家闭门罢市。在学生们的激情感召下，所有商家轰然闭门。反动军警一个个瞪着一对牛眼，没有一点办法。

商人罢市，对一座城市无异于灭顶之灾。张树元恼怒异常，火冒三丈，下令各校严禁学生出校，企图以此威逼商家开市。6月13日，张树元派出大批军警，封锁了济南有关学校的校门。邓恩铭和省立一中的其他学生领袖毫不屈服，针锋相对，带领学生冲破军警封锁，一齐涌向街头。其他各校的学生也冲破军警拦阻，冲出校门。同学们在大街上举行游行示威，痛斥反动军阀的暴行。张树元急忙调集军队，分两路向学生进逼，企图驱散学生队伍。邓恩铭率省立一中的学生，与其他学校的学生在西门大街汇成一支浩大的队伍，一起向商埠行进，准备到日本领事馆前示威。张树元一看，更加惊恐，急忙派出大批军警持枪阻拦。学生们于是直接向督军署进发，又被军警围困在西门大街。

这时，省立女子师范学校和其他各校的学生也赶来支援省立一中的学生。学生们会合在一起，队伍更加浩大，气势更为雄壮。反动当局束手无策，只得将西门大街一带四面封锁围困起来。邓恩铭和2000多名爱国学生分列大路两旁，高喊口号，静坐示威，并进行绝食斗争。各界群众被学生的爱国热情所感动，纷纷送来食品、茶水，慰问学生。学生游行队伍与反动军警一直相持到深夜。

而6月11日，北洋军阀政府已在全国人民的压力下，释放了北京被捕学生，罢免了卖国贼曹、陆、章的职务。在这种情况下，山东地方政府只好同意学生们的要求，撤销封锁，撤退军警，参加示威抗议的学生才于当天深夜返回各校。

6月15日，鉴于全国性的五四运动已经取得胜利，其他地方的工人已相继复工，学生停止罢课，济南商、学界万余人在省立一中召开大会，决议下午结束罢市行动。当天中午，邓恩铭和济南各校的学生一起，分东西两路在商埠和城内游行，感谢商民的爱国行动。此时苍天恰似有情，先是惊雷滚滚，接着大雨倾盆，游行的学生浑身湿透，依然士气昂扬，在雨中奔走呼喊。商民们看到雨中游行的学生，感动万分，"无不掩面而泣"。

五四运动是邓恩铭参加的又一场反帝爱国运动。此后，中国专使拒绝在巴黎和会的卖国条约上签字。五四运动体现了中国人民顽强不屈的斗争意志，阻止了帝国主义对中国的无耻侵略。通过五四运动，邓恩铭深深感到，只有坚决斗争，才能达到救国救民的目的，中国才有希望。

树欲静而风不止。五四运动的诱因，是青岛主权的归属。这时全国性的五四运动虽然已经结束，但日本帝国主义依然霸占着山东半岛，山东半岛的主权还没有收回，日军还在中国的地面上耀武扬威，山东人民要求收回国家主权的斗争还在继续。而有民族的脊梁，也会有民族的败类，山东地面上同样有一心卖身求荣的家伙。当时济南皖系军阀支持下的《昌言报》，就是赤裸裸的帝国主义的代言人，五四期间就干着破坏爱国运动的勾当，7月20日，又在报纸上公开攻击学生运动。

《昌言报》的汉奸卖国行为，激起山东人民的极大义愤。7月21日，济南各界1000余人在省议会门前召开各界救国联合大会，痛斥《昌言报》的卖国谬论。邓恩铭与部分省立一中的学生参加了这次大会。会后，邓恩铭等带领群众，包围了《昌言报》报馆，愤怒地将其捣毁，并将该报经理张景云等人一一绑缚，背插亡命旗，游行示众。

山东督军张树元，既是北洋军阀政府的忠实走卒，也是在帝国主义面前摇尾乞怜的卖国走狗。《昌言报》的所作所为，就和张树元脱不开干系。《昌言报》报馆被捣毁后，张树元恼羞成怒，借题发挥，一面请求北京政府颁布戒严令，一面布置军警缉捕所谓"祸首"。而张树元的倒行逆施，正合军阀政府的胃口，北洋军阀政府立即委任亲日卖国的济南镇守马良为戒严司令，公开镇压山东人民的爱国运动。马良随即丧心病狂地杀害了回族爱国人士马云亭等3人，制造了"济南血案"的严重流血事件。

"济南血案"激起全国人民的无比愤慨，济南及山东各地纷纷掀起声势浩大的"驱马"运动。"驱马"运动是五四爱国运动在山东的延续，是山东人民对北洋军阀政府卖国立场的严正回应。在这一运动中，邓恩铭同样一直站在斗争的前列。面对人民群众的力量，北洋军阀政府不得不将卖国的野心稍稍收敛了一下，暂时停止了出卖山东的活动。1922年2月4日，中国和日本签订《中日解决山东问题悬案条约》，规定日本将德国的旧租借地交还给中国，把青岛海关、胶济铁路等归还给中国，驻青岛、胶济铁路的日军立即撤退。中国在鸦片战争过去了几十年之后，终于第一次收回了被帝国主义掠夺去的部分中国主权。

五四运动至此取得了全面的胜利。山东是五四运动的始发地，也是五四运动的辉煌末篇。邓恩铭则在五四运动的滚滚浪潮中，始终冲在斗争的第一线，挺立于五四洪流的潮头。这些，为邓恩铭此后的人生道路选择，始终坚持不懈地进行革命斗争，打下了坚实的思想基础。

向旧世界宣战

　　五四运动是一场全国人民共同的反帝爱国运动，更是一场伟大的中国青年运动。在五四运动中，尖锐的冲突，激烈的斗争，使一代中国青年既受到斗争的历练，又产生了深深的思考。邓恩铭同样在斗争中经受了锻炼，受到了震动。

　　这一年，邓恩铭18岁，就生理年龄说，正好步入青年的行列，进入人生选择的关键时期。轰轰烈烈的五四运动，对邓恩铭的人生抉择打下了深深的印记。而在刚刚离开荔波、从贵州奔赴山东之际，回望生于斯长于斯的故乡山水，邓恩铭曾作离别诗一首，直抒为国为民努力奋斗的胸臆：

赤日炎炎辞荔城，

前途茫茫事无分。

男儿立下钢铁志，

国计民生焕然新。

    这首离别诗，与其留给荔波同学的诗，既在内容上一脉相承，又是对前一首诗作的扩展和注释。改写西乡隆盛的诗作，是邓恩铭与自己的同学真心告别，当然只说学业。这首诗，则展示出邓恩铭的男儿之志，既表现出对世事混沌的茫然和忧虑，又显示出对未来前途的向往和信心，表现出以国计民生为念、以顽强奋斗为荣的雄心壮志。

    从贵州到山东，天南地北，山高路远，千里辗转，路途漫漫。而在跋山涉水、颠沛流离的旅途当中，往往是人们的思维最为活跃的时候。一个多月的漫长旅程，一路上的所见所闻，使邓恩铭的思绪犹如大海翻卷，波涛奔涌。行程在一步步延展，思绪在一层层延伸，少时的苦难经历，荔波山水的滋养，对未来的美好憧憬，不时激荡起邓恩铭心中的层层涟漪、重重浪波。于是，不知道具体在什么地方，但就是在这次旅行途中，邓恩铭写出一首充满男儿气概、英雄本色的述志诗：

南雁北风，去不思归。

志在苍生，不顾安危。

生不足惜，死不足悲。

头颅热血，不朽永垂。

冰冻三尺非一日之寒，男儿立志非片刻之功。此时的邓恩铭，大山子孙的秉性皎如日星，男儿志向已彰显无遗，为国为民的情怀跃然纸上，充满着乘长风破万里浪的豪迈，展现出一往无前的英雄气概。这是一颗伟大而顽强的种子，一旦在泥土里扎根，就能在风雨中成长，铺展出一片浓浓绿荫，书写出一段不朽传奇。

而在山东这片古老的土地上，邓恩铭获得了肥田沃土的滋养，有了大显身手的用武之地。

五四运动是一场政治运动，也是一场文化运动，更是一场思想解放运动。五四运动后，很多人都看到了旧的社会制度非改变不可。但怎样去改造旧社会，怎样去建设新社会？却使人乱花迷眼，云雾迷蒙，无所适从。山东是五四运动斗争的焦点，济南的反帝斗争极为尖锐，也最为持久。由于在五四运动中，山东与北京两地始终保持着紧密的联系，这种联系一直持续到五四运动之后，因此各种新思潮、新观念在济南的传播也较为迅速。身为省立一中学生的邓恩铭，与这种联系非常紧密，并从中得到丰富的营养，找到了自己的奋斗方向，开始了向旧世界宣战的斗争实践。

五四运动后，中国社会出现了一个介绍俄国十月革命、宣传马克思主义的热潮，传播新思想、新文化的社会团体和刊物如雨后春笋般涌现出来。尤其是陈独秀主编的《新青年》杂志，成为当时宣传马克思主义的重要阵地，在中国知识青年中产生了很大影响。邓恩铭也利用济南省会城市的有利条件，如饥似渴地阅读各种进步书刊。

有一次，邓恩铭读到了李大钊写的《庶民的胜利》和《布尔什维主义的胜利》两篇文章，立刻被深深地触动和吸引。李大钊对马克思主义深入浅出的介绍，对人类美好未来的阐释，使邓恩铭的眼前一亮，思想上豁然开朗。而俄国社会主义革命的胜利，劳动人民国家的巍然屹立，使邓恩铭看到了马克思主义的巨大威力，促成了邓恩铭思想上的觉醒和飞跃。从这时起，邓恩铭逐渐确立了马克思主义的政治信仰，开始寻求、联络志同道合的朋友，以探索、寻找中国革命的道路。

还是在这一时期，邓恩铭通过阅读介绍马克思主义的书籍，开始懂得阶级斗争的道理，并运用阶级斗争的观点观察、分析社会，在阶级立场上开始站到无产阶级的方面来。1920年年初，他在山东《通俗日报》上，发表了一组反映劳动者的诗歌。其中一首这样写道：

> 皎洁的月亮悬在天空，
>
> 路上行人没了人影，
>
> 仅听见住在胡同道儿的铁匠，
>
> 叮咚！叮咚！
>
> 不住的劳动。

这首诗，是对铁匠辛苦劳作场景的真情叙述，但也可以看作是邓恩铭对自己小时候生活经历的记忆，是对自己起早贪黑、沿街叫卖的母亲的赞颂。在这里，劳动者成为诗作的主人翁。邓恩铭的诗作，已经从仅仅是个人的情绪表达和人生感叹，变为讴歌天底下辛勤劳作的众多劳动者。

1920年6月，省立一中举行学生自治会选举。由于邓恩铭在五四运动中表现出来的火一般的斗争热情，出色的组织才能，博得了同学们的钦佩和信任，被推选为学生会的领导成员之一，并兼任学生自治会的出版部部长。学生会出版部，是学生自治会中成员最多、力量最大的一个部门，成员达到37人。邓恩铭利用出版部的平台，出版了一个中学生周刊，以马克思主义的立场和见解，积极宣传李大钊等革命者的思想观点，旗帜鲜明地反对单纯的"读书救国"等陈旧的观念。

这一年的9月，山东省立一中学生会组织参观团，到天津南开中学参观学习。邓恩铭以出版部代表的身份来到天津。在南开中学，邓恩铭详细了解天津学生运动的开展情况，详细了解周恩来组织领导的进步学生团体"觉悟社"的情况，仔细阅读了"觉悟社"出版的刊物《觉悟》。从中受到了启示和教育，也坚定了自己发扬五四精神、坚持进行反帝反封建斗争的信念。

从天津回到济南，邓恩铭立即与出版部的同学们商议，希望能够把山东的学生运动引导到革命的道路上来。就在这一年，全国许多地方都遭受到自然灾害。山东的灾情更为严重，大批农民被迫四处流离逃荒，沃野千里的齐鲁大地哀鸿一片，灾民问题成为当时社会的主要问题。面对无数灾民的啼饥号寒、流离失所，邓恩铭认为，学生会出版部不能只埋头书斋，不管老百姓的疾苦。于是，在邓恩铭的提议下，大家决定利用学校的校刊，出版一期灾民问题的专刊，实实在在关注现实社会问题，通过分析灾民问题的实质，阐述革命的主张。

1920年10月10日，省立一中校刊《灾民号》正式出版。《灾民号》的第一版上，发表了邓恩铭《灾民的我见》一文。这是邓恩铭公开发表的第一篇政论性文章。在文章中，邓恩铭运用马克思主义的观点，分析、揭示了中国灾民问题的实质。

文章一开头，邓恩铭单刀直入，开门见山，一连提出6个问题：为什么有灾民？我们对于灾民应当怎么样？怎么样赈救？光赈救目前吗？还是赈救将来呢？灾民的觉悟？

提出问题后，邓恩铭一针见血地指出存在灾民的根本原因："就是因为一般军阀、官僚、政客、资本家'横征暴敛''穷奢极欲'。"而赈灾的根本办法，是灾民"要有彻底的觉悟"，要打倒一切剥削阶级。他大声疾呼："若是再不设法来对付他们这一班豺狼似的军阀、官僚、政客、资本家，以后就没有我们苦人过的日子了！"

从对劳动人民艰苦日子的朴素感叹，到深入分析中国社会贫苦的根源，邓恩铭把人民群众所遭受的苦难，归结为旧的社会制度，进而号召进行社会革命，铲除贫富悬殊的不平等现象。这是邓恩铭向旧社会黑暗势力的公开宣战，是邓恩铭向旧世界发出的战斗檄文。自此以后，邓恩铭即以不屈的坚强意志，百折不回的斗争精神，对着整个旧世界展开了不屈不挠的勇猛进攻。

05 日出神州映新天

　　五四运动开阔了邓恩铭的眼界，升华了邓恩铭的思想境界，也使他联系和结交到一批志同道合的朋友。省立第一师范学校的学生王尽美，就是在五四斗争风起云涌的日子，与邓恩铭相识相知，并成为彼此一生中最为亲密的革命战友。

　　五四运动时，王尽美还叫王瑞俊，王尽美这个名字，是在两年后才改的。王尽美比邓恩铭大3岁，1898年出生于山东省莒县大北杏村，1918年考入山东省立第一师范学校，五四运动中被推举为山东学生联合会的负责人之一。五四运动的急风暴雨，促使18岁的邓恩铭和21岁的王尽美共同投身于汹涌澎湃的学生运动当中，两个人肩并肩，手挽手，都成为大家信得过的学生领袖。由于意气相同，志趣相投，五四运动后，他们的联系不仅没有中断，反而更加频繁，时常相聚在一起，交流思想，议论时事，学习和探讨马克思主义的理论真谛。

王尽美也是五四运动中山东的学生领袖，五四运动期间，经常与北京的李大钊、邓中夏等进行联系。五四运动后，王尽美与李大钊、邓中夏等人的联系依然十分紧密。1920年3月，李大钊在北京秘密发起北京大学马克思学说研究会，王尽美被发展为外埠会员。由于经常往来于北京、济南之间，王尽美对北京早期共产主义者的活动非常了解，时间不长，即按照李大钊的安排，和邓恩铭一起，开始了在山东传播马克思主义的实践。

一个好汉三个帮，一个篱笆三个桩。省立第一师范还有一位王尽美的同班同学，叫王志坚，山东诸城人，与王尽美住同一个宿舍，受王尽美的影响，也积极参加各种进步活动。不久，在他们的身边，就聚集起十多个同学。为了使学习的目的和方向更加明确，王尽美、邓恩铭和王志坚发起组织了"康米尼斯特学会"，作为学习和探索马克思主义的一个学生组织。"康米尼斯特"，是当时英语共产主义的音译，康米尼斯特，就是共产主义。

在邓恩铭出版《灾民号》专刊的同时，省立第一师范学校学生会也在王志坚主持下，出版了一份名叫《泺源新刊》的刊物，王尽美在上面发表了两篇乡村教育的论文。两份刊物的出版，特别是邓恩铭和王尽美的文章，犹如一石激起千层浪，使济南的学生运动在思想战线上又活跃起来。由于这时各校还是以本校学生会为基地，各自为战，力量分散。为突破这种一校一会的局限，团结更多的青年，王尽美、邓恩铭等发起组织了济南全市性质的青年学生进步社团——励新学会。

励新，单从字面说，就是激励人们向着崭新的目标追求探索。创立励新学会时，王尽美和邓恩铭都已具有共产主义思想。为扩大共产主义在青年学生中的影响，他们不辞辛苦，四处奔走，广泛联络各校的进步青年，动员和争取他们加入励新学会。1920年11月21日，励新学会在济南商埠公园举行成立大会，王尽美、邓恩铭当选为学会领导成员，邓恩铭为庶务，总揽一切学会事务。为加强思想学术交流，介绍新文化、新思想，学会决定，创办《励新》半月刊，王尽美为编辑主任之一。励新学会以"研究学理，促进文化"为宗旨，积极宣传新思潮，介绍新思想、新文化和俄国十月革命，引导大家探索救国救民的道路。

1920年12月15日，《励新》半月刊正式出版。邓恩铭在这一期上发表《改造社会的批评》一文。文章分析了人们对社会改造的3种态度：实行的、空谈的、盲从的，进而批判了后两种态度，满腔热情地赞扬以实际行动去进行社会改造。文章大声疾呼："中国的社会是一定要改造的，但是我们去改造非脚踏实地从事不可，若是不然，恐怕我们改造社会不了，倒被恶社会支配。"

邓恩铭言行一致，身体力行。在之后的革命生涯中，长期扎根基层，深入工人、农民当中，志坚行苦，栉风沐雨，真正做到脚踏实地、坚忍不拔地改造旧社会，创造新世界。

也是在这一时期，王尽美发表了《山东的师范教育与乡村教育》《女子装束问题》等多篇论文，运用马克思主义的立场、观点，批判旧的教育制度的黑暗，论述了改造教育与改造社会的关系，提出

了学用结合的教育方法。这些文章的发表，对于抨击时弊，启发青年觉悟，起到了重要作用。

还是在 1920 年的 4 月，共产国际代表维经斯基根据列宁的指示来到中国。先在北京与李大钊讨论建立中国共产党的问题，随后由邓中夏陪同前往上海，与陈独秀会面。维经斯基途经济南时，也就建党问题与王尽美、邓恩铭等人进行了商谈。在共产国际的帮助下，中国先进的知识分子开始酝酿建立中国共产党。而济南同样是中国共产党建党的策源地之一。从当年秋开始，王尽美、邓恩铭等人即在秘密酝酿，筹备建立济南共产党早期组织。

1920 年 8 月，在陈独秀、李汉俊等人的组织下，上海共产党早期组织首先成立；10 月，北京共产党早期组织成立。还是 10 月间，陈独秀给山东齐鲁书社的负责人王乐平写信，要他组织济南共产党早期组织。王乐平当时是开明人士，但不愿参加共产党，于是转手将陈独秀的信交给了既是远亲又是同乡的王尽美。来信促进了王尽美、邓恩铭正在进行的筹备活动。1921 年年初，济南共产党早期组织秘密成立，成员有王尽美、邓恩铭、王翔千等 5 人，王尽美、邓恩铭为负责人。

"夫江始出于岷山，其源可以滥觞。"山东这片古老的大地上，第一次出现了真正代表中国人民利益的最为先进的政党组织。虽然是区区之数、星星之火，却最终形成冲天燎原之势，烈焰腾腾地烧遍了齐鲁大地，烧红了整个中国！

在全国各地共产党人的努力下，1921 年 6 月，全国包括海外已建立了 8 个共产主义的组织，有 53 名党员。建立全国性的共产党组织的条件已经具备。当年 6 月，上海共产党早期组织在共产国际的指导下，向全国 6 个共产党早期组织发出召开第一次党的全国代表大会的通知。

济南共产党早期组织也接到了派出两名会议代表的通知，并收到 200 元路费。王尽美、邓恩铭等人非常激动，非常兴奋。此时，北京地区的一大代表张国焘来到济南。当时从北京到上海，多是先由北京到天津，顺津浦线抵达南京，坐轮船渡过长江，再走沪宁铁路到上海，中间必须经过济南。按照北京支部的安排，张国焘在济南作短暂停留，邀请王尽美、邓恩铭等 8 名济南小组的成员，乘游船在大明湖上聚会。一群热血沸腾的青年充满了憧憬和喜悦，相互交流工作情况，畅谈对未来的遐想。游船上欢声笑语，其乐融融，喜气洋洋。

泛舟大明湖，整整进行了一天时间。张国焘走后，济南共产党早期组织立即召开会议，推选到上海出席党的一大会议的代表。经过酝酿，大家共同推选王尽美、邓恩铭作为济南共产党早期组织的代表，赴上海参加党的第一次全国代表大会。

这一年，王尽美23岁，邓恩铭20岁。邓恩铭、王尽美由此成为中国共产党的创始人。

当时，各地共产党的组织都处在秘密活动状态，分散在祖国各地、五湖四海，到上海参加会议，路途艰辛，行走不易。作为中国共产党早期组织之一的东京共产党早期组织，要回国参加党的第一次全国代表大会，路途更为遥远。考虑到这些因素，上海共产党早期组织的通知只说7月召开会议，没说是7月哪一天开会。王尽美、邓恩铭身负重任，被济南共产党早期组织确定为会议代表后，两人稍作准备，随即启程。而济南到上海虽有长江相隔，但有铁路通行，旅途相对要顺利些。

因此在 7 月 1 日前，王尽美和邓恩铭即按时抵达上海，在外地代表中，到达上海的时间仅晚于张国焘。

各地的一大代表陆续抵达上海，到 7 月 22 日，所有代表全部到齐。在代表没有到齐之前，邓恩铭、王尽美以"北大暑期旅行团"的名义，一直住在位于法租界的蒲柏路博文女校。济南毕竟不是全国的政治、经济中心，在知识传播、信息交流上，赶不上北京、上海这样的城市。王尽美、邓恩铭利用这段时间，虚心向各地的代表求教，学习了过去没看到的马克思主义书籍。正因为这样，在其他代表眼中，邓恩铭和王尽美显得特别活跃。10 年后，王尽美因病去世，邓恩铭英勇牺牲，1936 年，陈潭秋在回忆中共一大召开时还印象深刻：王尽美和邓恩铭"是非常活泼的青年"。

党的一大共有 13 位代表，都是当时知识分子中的佼佼者，代表平均年龄为 28 岁，年龄最大的何叔衡 45 岁，年龄最小的刘仁静 19 岁。邓恩铭比刘仁静大一岁，在代表年龄排序中倒数第二；王尽美 23 岁，在代表年龄排序中倒数第三。

一大代表中，邓恩铭还有一个身份——少数民族代表。当然，这是多年后考证出来的，当时大家并不知道，也不会去关注代表的民族性问题。中华民族本来就是一个大家庭，各兄弟民族原本就是一家，但邓恩铭以少数民族的身份参加党的一大，同样为开天辟地的大事变增添了一抹亮色。

1921年7月23日晚8时，中国共产党第一次全国代表大会在现今上海兴业路76号庄严开幕，伟大的中国共产党诞生了！中国共产党的成立，犹如一轮红日喷薄而出，升起在古老的世界东方。中国人民从此有了胜利前进的方向，中国黑暗的夜空露出灿烂的曙光，映红了神州古国，照亮了华夏大地，映照出一片红彤彤的崭新的天地！

就是在这次代表大会上，邓恩铭与董必武、毛泽东、陈潭秋等建立了深厚的革命友谊。这些一个个大名如雷贯耳的兄长，对邓恩铭这位年纪不大、个子最低的兄弟，评价却都很高。

毛泽东和邓恩铭，一位是湖南韶山的汉族农家子弟，一位是贵州荔波的水族农家子弟，在中国革命的历史风云中，为了实现中华民族伟大复兴，共同走在了马克思主义的道路上，也诠释出共产党人的伟大革命友谊。多年后，毛泽东依然念念不忘："王尽美和邓恩铭是山东支部的创始人。"

1921年8月2日，中国共产党第一次全国代表大会在浙江南湖的画舫上胜利闭幕。红船荡出通红的天地，棹桨摇出崭新的世界，自此以后，中国革命的面目焕然一新，惊天动地、改天换地的历史巨变，就此开启了波澜壮阔的伟大行程！

06 革命决心放胆尝

党的一大胜利闭幕，中国共产党如日东升，中华大地旭日东升。当天晚上，邓恩铭和王尽美坐火车从嘉兴返回上海，接着乘火车回到济南。

中国共产党的成立，使王尽美激动异常。回到济南后，王尽美意犹未尽，赋诗一首：

> 贫富阶级见疆场，
> 尽善尽美唯解放。
> 潍水泥沙统入海，
> 乔有麓下看沧桑。

怀着对马克思主义的坚定信仰，怀着对人类未来的美好向往，王尽美把自己的名字从王瑞俊改为王尽美，以激励自己为实现共产主义而奋斗，为创造尽善尽美的新世界而不惜献出一切。"王尽美"3个大字，就此成为千古不朽的伟大名字。

心心相印，息息相通，还是在南湖，邓恩铭同样赋诗一首，抒发自己的冲天豪情：

> 读书济世闻鸡舞，
> 革命决心放胆尝。
> 为国牺牲殇是福，
> 在山樗栎寿嫌长。

这首诗抒发了邓恩铭不畏牺牲、献身革命的坚定意志。前两句，表明勇于投身革命的决心；后两句，表示为了国家和人民的利益，即使早早死去，也是一种幸福，比遍野山沟中那些随生随长的乔木灌木有意义得多。而革命是前无古人的事业，必定要面对艰辛，遇到险阻，一个革命者，必须放开革命的胆量，在充满希望和艰辛的道路上探索、开拓，不屈不挠地勇往直前，耿耿自始，百折不回。充满豪情壮志的诗歌，展现出一个共产党人顶天立地、无私无畏的崇高形象。

当时山东师范和省立一中，都是四年学制。和其他地方共产党组织的领导者具有很大不同，这时的王尽美和邓恩铭，一个是在校的师范学校的学生，一个是在校的中学生，既具有高涨的革命热情，在工作中也具有更多的困难。但他们意志坚定，不折不挠，在完成学业的同时，以火一般的热情，忘我地投入到紧张的革命工作当中。

邓恩铭和王尽美回到济南后，首先在中共中央的指导下，将济南共产党早期组织改为党中央直属的党小组，后又建立中国共产党山东区支部，负责山东地区的党的工作，由王尽美任书记，邓恩铭任支部委员。中共山东区支部的建立，促进了山东党的工作开展和组织发展。

中共一大后，王尽美、邓恩铭从上海带回了《共产党宣言》等马克思主义的书籍，以及马克思、恩格斯的相片、纪念章等。这些珍贵的物品，很快被青年人抢购一空。为扩大马克思主义的宣传，根据当时的社会环境，邓恩铭与王尽美等商议，采取公开的形式，以励新学会中信仰马克思主义的会员为骨干，成立济南马克思学说研究会，进行群众性的学习、宣传马克思主义的活动。

经过一个多月的筹备，1921年9月，马克思学说研究会正式成立。研究会的会址设在济南贡院墙根街的山东教育会里面，门口挂着"马克思学说研究会"的大牌子。开始，有人觉得"马克思学说研究会"的名字不够响亮，主张叫"马克思主义学会"。王尽美和邓恩铭经过慎重思考，觉得既要扩大马克思主义在青年中的传播，又不能过于突出直接的政治倾向，认为用"学说""研究"的字样，更有利于工作的开展。

其实，不论是马克思学说还是马克思主义，都是对剥削制度敲响的嘹亮丧钟。但当时山东的军阀统治者，都是些滥官污吏，对马克思主义不知所云，不明就里。因此马克思学说研究会的牌子，堂堂正正地挂在军阀统治下的济南城中。直到几个月后，反动军阀才反应过来，以宣传"过激思想"的罪名，取缔了马克思学说研究会。之后，马克思学说研究会转入秘密活动的状态。

作为马克思学说研究会的发起人和领导者，邓恩铭和王尽美、王翔千等人一起，共同指导研究会的工作。他们总结了励新学会组织松散、人员思想错综复杂等教训，决定把研究会组织成为一个严格的思想政治团体。研究会规定，入会者要有会员介绍，必须信仰马克思主义。当时每个会员发给一枚瓷质圆形小徽章，上面印有马克思的头像。其成员最初都是共产党员，但很快发展到五六十人，既有知识分子，也有鲁丰纱厂等工厂的工人，成为济南一个颇有声势和影响的社会团体。

济南马克思学说研究会，是在山东党组织领导下的学术团体。研究会的主要任务，是组织会员读书学习，提高思想觉悟。大家每星期聚会一次，一起阅读马克思、恩格斯的著作和其他进步书刊，交流学习中的心得体会。邓恩铭经常向会员介绍和分析马克思的学说，和大家一起进行讨论，相互交换各自的看法。同时济南马克思学说研究会与李大钊、邓中夏等领导的北京马克思学说研究会，保持着密切的联系，能够随时吸收外地的学习成果，始终坚持了正确的办会宗旨。参加研究会的人员，后来大都参加了党组织或团组织。

邓恩铭和济南马克思学说研究会的会员们，不仅从书本上学习马克思主义，还把马克思主义与具体斗争实践结合起来，与工人运动结合起来，积极从工人中发现积极分子，吸收会员。1922年，研究会更是把学习活动扩大到社会上去。如为了收回胶济铁路主权，研究会在济南公园举行过群众集会，公开进行演讲，张贴标语，散发传单。山东的工人运动，也是从这一时期开始，逐渐发展起来的。马克思学说研究会对于马克思主义在山东的传播，对于山东革命斗争的开展，对于山东各地的党组织建设，起到了不可替代的作用。

济南马克思学说研究会坚持活动了一年多时间。1922年后，济南建立了社会主义青年团。由于研究会成员大都参加了青年团，加上一部分同志加入共产党，许多马克思主义的学习被党团组织的活动所取代，研究会的影响也相应减弱。之后山东青年团组织为加强对青年的马克思主义教育，重新整顿恢复了马克思学说研究会，使研究会在教育青年、宣传马克思主义方面，继续发挥作用。

世上原本没有路，人们从上面走过去，便成了路。中国革命没有现成的平坦大道可走，需要人们从布满荆棘的荒漠野岗上坚定地走过去，在没有路的地方，开辟出一条路。当时山东党组织的两位主要领导人，都是刚过 20 岁的年轻人，却扛起了领导一方革命的重任，在艰难困苦中披荆斩棘，开辟出崭新的天地，其征程更为曲折坎坷，探索精神更加难能可贵，值得历史永远铭记。

在苏俄的日子

1922年1月，邓恩铭和王尽美等中国代表团成员一起，赴莫斯科参加远东各国共产党及民族革命团体第一次代表大会。邓恩铭由此在苏俄停留了4个月时间，亲眼看到十月革命后苏俄社会主义事业的欣欣向荣和蓬勃发展。莫斯科之行坚定了邓恩铭的共产主义信念，也使邓恩铭懂得了什么是共产党人，什么是共产党的先进性。

莫斯科远东各国共产党和民族革命团体代表会议，是在列宁指导下召开的。此前，由美国发起，美、英、法、日等9个帝国主义国家在华盛顿召开会议，目的是对各个殖民地国家加强侵略和掠夺，特别是对中国进行侵略和掠夺。莫斯科会议是对九国会议的针锋相对、以眼还眼，会议原定开幕日期就在九国会议召开的当天，即1921年11

月12日，地点定在苏联远东地区的伊尔库茨克，明显是和帝国主义的侵略对着干。被邀请参加大会的，有中国、朝鲜、菲律宾、印度尼西亚等远东国家和地区的共产党，以及其他革命团体的代表。由于与会的多数代表不能按时到达，会议只好延期举行，同时在列宁的提议下，最后改在莫斯科召开。

远东，是西方帝国主义列强向东方扩张时对亚洲东部地区的通称，包括今天的东亚、东南亚和南亚地区。1921年秋，中共中央收到参会通知。10月，刘仁静代表中共中央来到济南，商定山东选派代表出席会议的问题。经过反复研究，最后确定王尽美、邓恩铭等6人，作为山东共产党、国民党及工人、青年等革命团体的代表，参加由44人组成的中国代表团，赴苏俄参加会议。

当时的苏俄，是后来苏联的主要组成部分，面积包括今天的俄罗斯，又比今天俄罗斯的地盘大，全称为俄罗斯苏维埃共和国，是十月革命后建立的世界上第一个社会主义国家，简称"苏俄"。那时的苏俄，在帝国主义和反动军阀眼里，就是盗跖作乱、洪水猛兽，到苏俄去的人，都是犯上作乱、图谋不轨。因此到苏俄参加会议，只能秘密行动。

确定赴苏俄参加会议后，邓恩铭即和王尽美等人一起，着手赴苏俄的各项准备工作。他们从济南买了一批在俄国很畅销的昌邑绸缎，扮作小商人的模样，出山海关，经沈阳，过哈尔滨，到达满洲里，然后乘火车前往伊尔库茨克。当时的火车，是蒸汽机车，本该烧煤，但由于此时苏俄内战没有结束，国内生产没有完全恢复，缺少煤炭，因此铁疙瘩的火车只能烧木柴，既浪费时间，又动力不足，加上路基不平，火车走得很慢，走了三天三夜，才从中国的满洲里走到苏俄的伊尔库茨克。

这时的北国天气，已是天寒地冻的隆冬时节。西伯利亚寒风凛冽，千里冰封，白雪皑皑，气温经常在零下三四十摄氏度。出生在贵州的邓恩铭，从来没见过这样寒冷的天气。一路颠簸，一路辛苦，一路酷寒。但到了伊尔库茨克，中国代表团立即感受到春天般的温暖。当地政府盛情邀请邓恩铭等中国代表参加苏维埃大会和联欢会。置身于一个崭新的社会，来到理想中的社会主义国家，邓恩铭仿佛来到了一个春暖花开的芳菲世界，处处感到新鲜，

内心像炭火般的火热。

当年12月，预定参加会议的各国代表陆续抵达伊尔库茨克。这个时候，华盛顿九国会议早已结束。鉴于各国代表都想到苏俄各地参观学习，于是大会被改到苏俄的首都莫斯科举行。

1922年年初，邓恩铭和各国代表一起，乘坐火车，经过长途旅行，抵达莫斯科。一到莫斯科，苏俄人民即以高昂的《国际歌》和五颜六色的彩旗，热情欢迎远道而来的客人。代表们被感动得热泪盈眶，激动得热血沸腾。随后，按照主人安排，大家住进了条件相对较好的旅店。

1月21日，远东各国共产党及民族革命团体第一次代表大会在克里姆林宫隆重开幕。会场庄严肃穆，主席台正中上方是马克思的半身塑像，台额及廊柱间挂着各种文字的标语，上面写着"全世界无产者联合起来""解放东方劳动者"等。参加大会的代表共有148人，其中中国代表44人，分别代表中国共产党、中国社会主义青年团、中国国民党及中国的工人、农民等革命团体。

邓恩铭作为中国共产党代表团的成员参加这次

会议，心中无比激动。本来，列宁是大会主席团成员，应当出席大会，但３年前列宁被女特务卡普兰刺伤，留下严重的后遗症，这时不能像过去那样始终保持高强度的工作状态，因此未能参加大会。但整个会议是根据列宁关于民族殖民地问题的理论召开的，阐明了被压迫民族反帝反封建的历史任务，使邓恩铭受到极大的教育和鼓舞。

这次会议开了１３天，２月２日，大会在彼得格勒大剧院隆重闭幕。会议期间，列宁始终关心着大会的召开情况，专门抽出时间，接见了中国共产党的代表张国焘，中国铁路工人的代表邓培和中国国民党的代表。列宁详细了解了中国革命的情况，对中国革命等问题发表了重要意见。列宁充满深情地对中国代表说："中国的前途是无限光明灿烂的！"中国代表团成员听到列宁对中国革命的评价，无不感到精神鼓舞，信心倍增。

远东代表大会结束后，与会代表按照苏俄方面的安排，到苏俄各地参观学习。邓恩铭和王尽美参加了全部活动行程。他们怀着极大的兴趣，在主人的安排下，先后参观了莫斯科、彼得格勒等城市。

在莫斯科，参观了克里姆林宫、历史博物馆等，在彼得格勒，参观了十月革命起义的总指挥部和曾被"阿芙乐尔号"巡洋舰炮打的冬宫，所到之处，无不留下深刻的印象。

此时的苏俄，刚刚经历过第一次世界大战，而国内战争还没有完全结束，百废待举，困难重重，尤其是粮荒格外严重。面对困难，苏俄共产党人充满了克服困难的自信，满腔热情地与困难作斗争，精神抖擞地进行社会主义建设。特别是苏俄人民创造的共产主义星期六义务劳动，更使邓恩铭感慨颇深。他和其他代表一起，参加了星期六义务劳动，体验了苏俄人民为社会主义建设而忘我无私的劳动精神，更增强了共产主义必胜的信念。

而使邓恩铭印象深刻、终生难忘的，还有列宁办公室抽屉里的一小块黑面包。

一次，中国代表团在克里姆林宫参观列宁的办公室。代表们惊讶地发现，列宁办公桌的抽屉里，放着一小块黑面包。大家感到非常不解。陪同参观的苏俄同志对大家解释道：列宁经常因工作紧张无暇去就餐，就在办公室里吃点面包，一边吃，一边工作。有时一块面包未吃完，有事必须外出，就把没吃完的面包放在抽屉里，回来再吃。

更令代表团成员感动的是，当时苏俄国内遭受严重的战争破坏，人民的生活十分艰难，所有粮食都按定量供给。俄罗斯人的生活习惯，不论面粉是黑是白，都要做成面包。而当时苏俄的面包，主要是黑面包，一般只含五六成面粉，甚至只含两成面粉，分配的定量，士兵每天两磅，工厂与铁路工人一磅半，机关工作人员一磅，共产党员每天 3/4 磅。这就是说，越是共产党员，越是冲锋在前，越是付出的多，得到的反而越少。日理万机、饱受疾病困扰的列宁，每天同样只有 3/4 磅的定量，就是靠着这么一点黑面包，整日为革命呕心沥血，鞠躬尽瘁，费力操劳。

代表团成员都明白了：他们每天吃的是白面包和细粮，而且不限量，想吃多少吃多少，原来是苏俄人民对自己的特殊招待。大家十分不安，回来后，一致要求不再吃细粮，改吃黑面包。但负责接待他们的同志说："这是列宁同志亲自安排的。"经过大家再三坚持，苏俄同志才同意了大家的要求。

代表们也吃起了苏俄人民吃的黑面包，将省下来的白面包全部送到了医院和保育院。

1922年三四月间，邓恩铭和王尽美先后回到了济南。苏俄之行，给他们留下了深刻的印象。而最令邓恩铭不能忘怀的，是共产党员吃苦在前、享受在后的崇高品德。他从中看到了共产党的伟大，看到了社会主义的巨大威力。他也从中坚定了自己的政治信仰和道德恪守，这种政治信仰和道德恪守，体现在邓恩铭的整个革命生涯中，成为邓恩铭留给后人的宝贵精神财富。

08 到基层播火开拓

从苏俄回到济南后，邓恩铭根据党的指示，把工作重点放在发展党的组织、开展工人运动上，深入基层，拼力开拓。

1922年5月，中共济南独立组建立，王尽美任组长。当年7月16日至23日，中国共产党第二次全国代表大会在上海南成都路辅德里625号召开，王尽美出席了这次大会。当年8月，在中共中央特派员陈为人的指导下，在中共济南独立组的基础上，建立了中共济南地方支部，王尽美任书记，有邓恩铭、王翔千等8名共产党员。遵照党的决定，山东党的工作重点是加强工人运动，邓恩铭被调往中国劳动组合书记部北方分部工作。之后，邓恩铭先后到山东工人阶级力量相对集中的淄博、青岛等地，创建党的组织，开展工人运动，朝耕暮耘，悉心播火，奋力开拓。

山东省立一中的学制原为 4 年，恰好从 1922 起改为 6 年。因此这时本该中学毕业的邓恩铭，又不能从学校毕业了。为了开展革命工作，邓恩铭决定离开学校，从事职业革命活动。于是脱下学生装，换上工人服，走出校门，走出书斋，开始了在基层进行革命斗争的光辉战斗生涯，犹如一株不惧严寒、不畏风雨的郁郁青松，顽强地扎根在齐鲁大地，坚定地挺立于风雨之中。

邓恩铭由此成为饱览诗书、学识渊博而没有获取任何正规文凭的人。16 岁时，由于赴山东求学，再有一年即可小学毕业的邓恩铭离开荔波，没有拿到毕业证书。到济南后，因考中学需要文凭，邓恩铭给家乡小学写信，要他们为自己出一份学习证明。荔波的小学鉴于邓恩铭学习成绩优异，破例给了他一张小学毕业证书。但严格说，这不是真正的毕业证书。在山东省立一中，由于投身于革命事业，邓恩铭又放弃了获取文凭的机会。邓恩铭由此成为唯一一位没有文凭的党的一大代表。

山东地大物博，矿产资源丰富，又是沿海地

区，工业发展起步较早，位居当时全国各省前列。1921年，王尽美、邓恩铭即到津浦路大槐树机车厂等工厂的工人中，宣传社会主义思想，介绍十月革命。在山东共产党早期组织的努力下，1921年夏，山东成立了第一个工人组织——大槐树机车厂工人俱乐部，1922年6月，成立大槐树机车厂工会。中共二大后，开展工人运动更是党的一项重要工作。

1922年秋，邓恩铭受党组织委派，首先到淄博矿区开展工人运动。

淄博位于山东省中部，包括淄川、博山等区域。从19世纪末，德、日帝国主义势力先后霸占了淄博丰富的矿产资源，在淄博建工厂、筑铁路、开矿山。经过几十年的发展，淄博成为全国三大矿区之一，到1919年，工人总数已经达到2.5万人，有着较好的开展工人运动的基础。1921年春，山东早期共产党人即在淄博播撒过革命火种，开展过工人运动。

党组织派邓恩铭到淄博，还有一个原因，邓恩铭的二叔这时任淄川县县长，利于邓恩铭在这里开展工作。黄泽沛为官清廉，思想开明，身为县长，却经常骑着小毛驴下乡了解民情，被称为"黄毛驴县长"，在群众中声誉极好。邓恩铭在淄博期间，就住在淄川县公署。他利用县长公子的身份作掩护，广泛接触各阶层人士，了解淄博的社会状况，特别是淄博工人阶级的状况。邓恩铭学识渊博，谈吐儒雅，黄泽沛宴请淄川各界人士，常让邓恩铭作陪。因此淄川县不少头面人物都知道黄县长有个黄公子，为邓恩铭在淄博提供了便利的工作条件。

那个时候的淄博矿区，被帝国主义分子把持，矿工的工作环境和生活条件极为恶劣，每天都要劳动十几个小时，并且没有星期天和节假日，一年四季都在黑咕隆咚的矿井下辛苦劳作。当时有一首歌谣，向人们诉说着矿工的悲惨和辛酸：

来到井下用目观，

好像地狱无二般。

来往伙夫如鬼状，

监工把头赛判官。

邓恩铭对煤矿工人充满了同情，对帝国主义、资本家的压迫充满了仇恨。经过一段时间接触，邓恩铭发现资本家不但费尽心机压榨工人，而且千方百计愚弄工人，在矿区设立赌窑，雇佣赌棍，诱骗工人把辛辛苦苦挣下的微薄钱财拿出来，再装进自己的口袋，矿工们每日除了下井，就是睡觉、吃酒、赌博。邓恩铭不辞辛劳，风尘仆仆，在百里矿区往来奔波，向工人们宣讲革命的道理，动员工人们团结起来，向帝国主义和资本家进行斗争。开始，矿工们不把邓恩铭的话当作一回事，觉得县长公子就是无事瞎掰掰。通过反复讲解，工人们逐渐对邓恩铭产生了好感，渐渐围拢在他的身边，慢慢地开始觉醒。淄博矿区的工人运动逐渐红红火火开展起来。此后邓恩铭虽然离开了淄博，但仍时时关心着淄博的革命斗争，不时回淄博指导工作，为淄博的工人运动发展和党的建设，倾注了大量心血。

淄博工人运动开展起来后，1923 年 4 月，邓恩铭又按照党的指示，来到美丽的海滨城市青岛，以小学教员为职业，秘密开展党的工作。

青岛，位于山东半岛南部，古称胶澳，濒临黄海，风景优美，气候温和，环境优越，胶州湾为中国天然优良港湾，港口长年不冻。近代以来，青岛成为帝国主义列强疯狂觊觎的目标，英、法、俄、德帝国主义先后染指胶州湾。

第一次世界大战期间，日本夺取了德国强盗在青岛强占的权益，之后既对青岛实行更为无耻的掠夺，又鼓动日本居民移居青岛，到1921年，青岛日本侨民达到2.5万人，占青岛居民的1/8，明摆着是要长期霸占青岛。正是日本强盗的侵略行径，激起中国人民反帝爱国的五四运动。五四运动后，山东人民为争取青岛主权的回归，继续进行着不妥协的斗争。1922年4月，中日签订《解决山东悬案条约》，规定日本把强占的德国旧租借地归还中国，但又规定，中国必须将青岛全部开为商埠，供各国列强居住、经商，并强迫中国以巨款赎回胶济铁路和日本在青岛的特权。这样一来，青岛由过去的日本独占变为列强共管，日本在青岛的势力并没有受到影响。

邓恩铭到青岛后，寄居在胶澳商埠公立职业学校。这是青岛收回后中国政府创办的第一所学校，校长是邓恩铭在济南省立一中的老师王静一。邓恩铭与在胶澳商埠任职的秘密共产党员王象午取得联系，通过一段时间的工作，先后与在胶澳商埠电话局当接线员的赵鲁玉和在青岛普济医院当护士的丁祝华取得联系。赵鲁玉和丁祝华都是向往进步的青年，赵鲁玉曾东渡日本留学，丁祝华在五四运动期间即和邓恩铭有过交往，经过工作，两个人都毅然加入革命的行列。

在青岛期间，邓恩铭经常身着短裤短褂，化装成工人，深入工厂车间、铁路车站和职工家庭，启发工人的觉悟，领导工人斗争。为便于工作，邓恩铭又谋得《胶澳日报》副刊编辑一职。由于编辑工作行踪不定，邓恩铭动员丁祝华改行做教员，以便有个稳定的地址，便于和上级进行联系。丁祝华是济南女子师范学校的学生，这时还没有毕业，因喜欢学医，才在当年3月偷偷来到青岛考上了护士，刚做了两个月护士，即要改行，思想上有些犹豫。邓恩铭告诉她，做教员自由支配的时间较多，便于开展工作。经过邓恩铭的解劝，丁祝华到一所小学

做了教员，为邓恩铭开展工作提供了条件。

在青岛站稳脚跟后，邓恩铭即积极开展党的工作。他利用在职业学校任教的机会，与进步学生建立了密切的联系。邓恩铭原本对人热情，待人和蔼，由于开展秘密工作需要，因此平时并不多说话，只有对进步青年讲起革命道理来，才变得侃侃而谈，滔滔不绝，同时经常以赠送或推荐阅读进步书籍等形式，传播马克思主义，启发大家的思想觉悟。很快，邓恩铭就获得了进步学生的好感。在邓恩铭的引导下，这些学生很快接受了马克思主义，成为青岛共产党组织和青年团组织的骨干。

在邓恩铭的不懈努力下，青岛建立党组织的条件逐渐成熟。1923年10月，王尽美来到青岛，决定由邓恩铭、王象午、延伯真共同筹建中共青岛组。1924年上半年，四方机厂工人郭恒祥、电话局职员孙秀峰等人加入了中国共产党。同年7月，中共青岛组改建为中共青岛独立组，邓恩铭任组长。这是我党在青岛建立的第一个党组织。

与此同时，团组织的筹建工作也进展顺利。1923年10月，邓恩铭等人已发展青年团员11

人。当年11月18日，在胶澳商埠督办公署工程科办公室里，中国社会主义青年团青岛支部秘密成立，由邓恩铭任书记。因青岛地位特殊，青岛团支部直属团中央领导。团青岛支部成立后，团员的革命热情非常高涨。当时团中央的机关刊物《中国青年》，仅在职业学校每期销售即达30多份。之后，职业学校发动了几次影响颇大的学生运动，如1923年反对军阀曹锟贿选，反对胶澳督办搜刮民脂民膏，职业学校的学生都走在斗争的前头。

在创建党、团组织的同时，邓恩铭以《胶澳日报》为阵地，利用记者身份，广泛宣传马克思主义，宣传俄国十月革命和建立社会主义国家的情况。《胶澳日报》副刊曾经连载《列宁传》，在当时产生了很大影响。1923年5月，邓恩铭在《胶澳日报》副刊举办纪念马克思诞辰105周年征文活动，借此联络进步青年，宣传马克思主义。

随着马克思主义在青岛的传播，社会上对进步书籍的需求日益增多。为此邓恩铭打算创办书社，因缺乏资金未能实现。邓恩铭随即与上海书店、民智书局、泰东书局接洽商妥，在青岛设立3个图书代销处，代销进步书刊。同时准备开办图书馆，并做了大量准备工作，收集到一网兜的进步书籍。由于1925年5月邓恩铭不幸被捕，出狱后被迫离开青岛，创办图书馆的计划也不得不终止。

在低潮中奋起

　　中国革命的前途光辉灿烂，中国革命的道路曲折坎坷。中国共产党成立后，在我党的领导下，中国工人运动得到了突飞猛进的发展，1922 年被称为"中国劳动运动纪元年"。但是，随着 1923 年 2 月京汉铁路大罢工被反动军阀血腥镇压，全国轰轰烈烈的工人运动一时陷入低谷。

　　就是在这种情况下，1923 年 4 月，邓恩铭来到了青岛。面对反动军阀的白色恐怖和血腥镇压，邓恩铭逆势而上，激流勇进，在低谷中掀起了青岛工人运动的高潮。

　　当时，中国政府名义上收回了青岛，实际上帝国主义依然在青岛为非作歹，横行霸道。青岛 5 万多工人，基本上都处在外国资本家的欺压和剥夺之下。个别被中国政府收归的企业，又处在军阀政府的残酷统治下，工人们的生存状况异常艰难。由于缺少严密的组织，缺乏必要的思想基础，要想立即发动工人与反动军阀进行斗争，与中外资本家进行斗争，显然面临很大困难。邓恩铭经过调查分析，认为应当利用现有的一些工人团体，经过改造、引导，组织工人阶级开展斗争。

四方机厂是当时青岛最大的综合性机械厂。该厂由德国人建立，后被日本人霸占，中国政府接管青岛后，归胶济铁路管理局机务处管辖。在德、日帝国主义长达 25 年的统治中，四方机厂的中国工人为反抗殖民者的统治，按宗族、乡域结拜成伙，多次自发地与外国厂主进行斗争。北洋政府接管工厂后，工人们开始非常兴奋，但之后不仅处境依然如故，并且压迫日甚，连过去春节的三天假期和年终奖金也被取消了。因此工人们决定成立一个统一的团体，团结一心，向厂方争取自身权益。

过去，中国各个行业都很重视行业内的祖师崇拜。1923 年 1 月，四方机厂的钳工郭恒祥等人，利用民间"崇敬祖师"的习俗，以"崇敬祖师，互敬互助"为号，在四方工厂成立圣诞会，郭恒祥被推为会长。圣诞会的"圣诞",不同于西方那个穿着花衣服、戴着尖帽子的圣诞老人,与每年12月25日"圣诞节"的圣诞含义同样毫不相干,而是指中国各行各业开山人物诞生的日子,如木工为鲁班,铁匠为李耳,竹匠为泰山。四方机厂的圣诞会敢为工人说话,很快得到群众的拥护。邓恩铭通过对圣诞会的考察了解,认为应以圣诞会为基础,组织工人进行反抗剥削压迫的斗争。

1923年8月,铁工厂一个工头恃强欺弱,无事生非,诬陷工人偷了一件雨衣,扬言要开除工人,工人不服,便和工头吵了起来。胶济路管理局早就把圣诞会看成眼中钉,借机勾结警察,羁押了8名工人,送交法庭查办。法庭认为证据不足,将被捕工人一律释放。胶济路局恼羞成怒,竟然蛮横地将被释放的工人一律开除。此举引起全厂工人的极大愤怒。8月23日下午,1200多名工人在郭恒祥的带领下,浩浩荡荡向胶济铁路管理局进发,要求恢复被开除的工人的工作。罢工进行到当夜12点钟,路局被迫答应了工人们的要求。

邓恩铭十分关注圣诞会工人的斗争,通过郭恒祥等人，加紧对圣诞会的改造，使之很快由带有迷信色彩的行会组织，变为现代工会性质的工人组织。圣诞会在厂内组织了俱乐部和图书室，帮助工人开阔视野，增长见识。邓恩铭经常到工人中访贫问苦，对工人进行演讲宣传，还在四方机厂附近创办工人文化补习学校，组织工人学知识、学文化。工人们逐渐把邓恩铭当成自己人，把自身的疾苦和内心的希望，推心置腹地说给邓恩铭听。

胶济铁路管理局和四方机厂的厂主、把头，这时把圣诞会看成心腹大患，千方百计去破坏圣诞会，但所有阴谋统统落了空。1924 年 1 月 28 日，四方机厂工人因厂方不发年终双薪和红利，在圣诞会领导下，再次举行罢工，得到胶济铁路广大工人的响应，并取得了罢工胜利。圣诞会也在工人运动中崭露头角。1924 年 2 月 7 日，中共中央在北京领导召开全国铁路工人代表大会，成立全国铁路工会，郭恒祥被选为全国铁路总工会的副委员长。圣诞会随之成为铁总属下一个基层工会组织。经过斗争的锻炼，1924 年春，郭恒祥等工人运动积极分子光荣地加入了中国共产党。

资本家不甘心自己的失败，在反动军阀的支持下，使出了卑鄙无赖的伎俩。1924年3月19日，是圣诞会的祭神日，应该请大戏庆祝。圣诞会依惯例进行准备，并报铁路管理局备案。但路局迟迟不予答复，等到戏箱从远道运到了青岛，突然出面强行阻止。工人们据理力争，路局竟调动大批警察，准备武力镇压。郭恒祥向邓恩铭紧急汇报了有关情况。邓恩铭认为，敌人是有意挑衅，而演戏与工人群众的切身利益关系不大，不能因此造成工人群众的牺牲，决定不与敌人发生冲突，不再进行演出，只提出赔偿演出人员损失的要求。

敌人精心筹划的阴谋被轻而易举地粉碎了，于是不管不顾，不遮不盖，彻底撕下假面具，公然派出30多名警察，到工厂对工人进行镇压，宣布开除郭恒祥等4位工人运动领袖。敌人的蛮横霸道激起全体工人的义愤，纷纷要求举行罢工斗争。这时郭恒祥已经是共产党员，为避免工人的无谓牺牲，按照邓恩铭等人的意见，决定一面向反动路局、督办公署等递交诉辩，争取舆论支持，同时郭恒祥等人从大局出发，忍痛离开了四方机厂。虽然之后给郭恒祥等人的生活造成了很大困难，却没有给敌人提供镇压工人的借口。

1924年8月，军阀之间狗咬狗的江浙战争爆发，各地军阀进一步加强了反动统治。胶济铁路管理局借机在9月8日强行取缔圣诞会。邓恩铭积极串联工友，鼓励群众坚持斗争，发动工人酝酿成立正规的工会组织。当年10月，邓恩铭以《胶澳日报》记者的身份，在四方三义小学召集四方机厂30多名工人积极分子开会，根据中共三大《劳动运动》决议案，分析了青岛和四方机厂的工人运动开展情况，决定秘密组织工会，与敌人进行斗争。会后，工人积极分子分头进行组织发动工作，到1925年年初，四方机厂有800多名工人秘密加入了工会，为之后青岛工人运动的开展积蓄了力量。

邓恩铭在青岛开展工人运动期间，风餐露宿，艰苦备尝。当时，青岛物价昂贵，党的活动经费又少，并且总是不能按时寄来。邓恩铭经常以玉米面饼子充饥，有时还要饿肚子。但这些丝毫没有影响邓恩铭的革命斗志，他依然以极大的革命热情，全力投入党的工作当中。

青岛工人阶级的伟大斗争，在全国产生了重大影响。尤其是在二七大罢工失败后，全国工人运动陷入低潮，青岛却显得与众不同，由此增强了全党做好工人运动的信心。邓中夏在后来所著《中国职工运动简史》中说：当时，中国"有一新生势力为'二七'时所没有，就是异军突起的胶济铁路工会"。青岛工人运动的异军突起，正是邓恩铭孜孜不懈、努力奋斗的结果。

10 同反动军阀抗争

通过邓恩铭等人的努力，青岛党团组织和工人运动都有了较快发展。1924年10月26日，中国社会主义青年团青岛地方团成立，团员发展到32人。四方机厂秘密工会成立后，邓恩铭积极在工会中发展党员，到1925年1月，先后发展了傅书堂等7名党员。同时又在四方村的纱厂、水道局等处，积极发展新的工会组织。

就在这时，胶济铁路管理局统治阶层中出现了内部派别争斗。邓恩铭审时度势，决定利用统治集团内部的矛盾，借篷使风，借力打力，开展工人运动，为工人阶级争取利益。

当时，胶济路管理局统治集团中分为以局长赵德三为首的北派，靠山是山东的地方势力，和以副局长朱庭琪为首的江浙派，根子是北洋军阀政府内的交通系。两派的背后实际上是日本与英、美帝国主义势力的角逐。老鸹落到黑猪身上，原本是一路货色，但又彼此争权夺利、狼吞虎噬，都想一嘴咬死对方。1925年春，交通系控制的北洋政府交通部派阚铎顶替赵德三的职务，想挤掉山东派。山东地方派不甘示弱，随即动用全省资源，策划胶济全线工人罢工，撵走阚铎，夺回权力。

这时王尽美正好来到青岛，与邓恩铭等经过权衡分析，认为可以利用山东派鼓动罢工之机，组织四方机厂工人罢工，提出工人的要求，包括恢复被开除的郭恒祥等人的工作等。1925年2月8日，山东地方派鼓捣的胶济路罢工正式开始。2月9日，我党领导的四方机厂工人大罢工随之举行。由于北洋政府在山东地方势力逼迫下，很快被迫罢免了阚铎，胶济路罢工于2月11日结束。邓恩铭和王尽美认为，四方机厂可以利用路局管理层变动的时机，继续罢工。2月17日，路局管理层果然被迫答应工人们的部分要求，包括恢复郭恒祥等人的工作，发放年终奖等。邓恩铭和王尽美认为，不能要求一次斗争解决所有问题，决定结束这次罢工。

在罢工胜利的鼓舞下，邓恩铭和中共青岛党组织公开了四方机厂工会组织，同时决定以四方机厂工会为基础，成立胶济铁路总工会。1925年3月，胶济铁路总工会成立，下设青岛、高密等6个分会，会址设在四方村的庙旁。由此把青岛工人运动推向一个新的阶段，青岛各行各业的工人普遍觉醒，纷纷建立自己的团体，理直气壮地争取自身的利益。时间不长，即先后爆发了大康纱厂工人罢工和青岛纱厂工人的同盟性罢工。

日本占领青岛时期，看中了投资少见效快的纺织业，从1916年起，陆续建立了内外棉、大康等6家纱厂。加上中国资本家办的华新纱厂，青岛纺织工人已达3万余人。为榨取高额利润，日本资本家对中国工人敲骨吸髓，竭尽剥削压迫之能事。过去纱厂工人进行过自发的零星的斗争，都被资本家镇压了下去。随着青岛工人运动的开展，到1925年3月下旬，各个纱厂的工会已初具规模，有了开展大规模的联合斗争的条件。

纱厂工人秘密组织工会的行为，引起日本资本家的惊慌。4月14日，大康纱厂的厂主趁工人上班之机，派人搜查了工人宿舍，抄走了相关的工会文件。工人们立即派出3名代表与之交涉，不料日本资本家竟然扣押工人代表，并严刑拷打。此举激起工人们的极大愤怒。邓恩铭得知消息后，立即与纱厂工会负责人研究对策，决定一方面与厂方继续交涉，向日方提出21条诉求，同时由邓恩铭主持起草纱厂《全体工人泣告书》，向全社会控诉日本资本家的罪行。在日本厂主对工人的要求置之不理后，全厂5000多名工人于19日晚开始罢工。到4月26日，青岛所有日本纱厂的工人全部进行罢工，罢工工人达到1.8万人。所有日本纱厂一片死寂，整个青岛处在愤怒的罢工浪潮之中。

纱厂罢工使日本资本家蒙受了巨大损失，他们急得像热锅上的蚂蚁，椎心泣血，坐立不宁，要求其主子日本政府立即出面干预。4月28日，日本驻华公使要求中国政府制止青岛工人罢工。北洋政府犹如一条帝国主义的应声虫，立即给胶澳督办温树德发去取缔罢工的命令。之后，中国宪兵和日本警察一齐出动，对纱厂的工人宿舍进行搜查。由于邓恩铭事先进行了周密部署，敌人一无所获。

邓恩铭长期在青岛进行革命活动，早就引起了敌人的怀疑。这时商埠警察和日本人动用了大批暗探，侦查到邓恩铭的行踪。5月4日，敌人逮捕了正在主持召开罢工会议的邓恩铭。

邓恩铭被捕后，王尽美和青岛党组织一面积极开展营救工作，一面继续领导罢工斗争。日方资本家经过20多天的较量，损失惨重，这时不得不表示愿意满足工人要求，于5月9日和罢工工人达成九项协议，包括增加工资、不准打骂工人等。同盟大罢工此时以资本家的失败而结束。胶澳当局明知邓恩铭在罢工中的骨干领导作用，因为害怕工人阶级的力量，也只好对邓恩铭予以驱逐了事。

但是，日本资本家表面同意纱厂同盟罢工的要求，实则心怀叵测，对罢工工人怀恨在心。工人复工后，他们不仅不履行复工协议，而且开除了51名工人代表，还要求中国政府替他们取缔工会。日本驻华公使公然叫嚣，日本要采取"自卫手段"，日本的樱花号、桦号军舰也驶进胶州湾，在海面上鸣炮示威，虎视眈眈，杀气腾腾。

老母鸡上灶，小鸡仔乱跳，北洋军阀政府一

看主子发飙，立即跟着汪汪乱叫，急电4月份刚到任的山东军务督办张宗昌，从速镇压青岛工人运动。

张宗昌，山东掖县（今莱州市）人，民国十大军阀之一，是亲日派中的亲日派，反动军阀中的反动军阀，地痞无赖中的地痞无赖，反复无常，寡廉鲜耻。老百姓给他起了许多绰号：狗肉将军、混世魔王、张三多……而三多，包括女人多，仅有名有姓的姨太太就有22位。

就是这么个头顶长疮、脚底流脓的地痞无赖，却在当时手握大权，兴风作浪，称霸一方。经过张宗昌和温树德一番密谋，5月28日，胶澳当局派出2000多名军警，狼猛蜂毒地包围了大康、内外棉、隆兴纱厂。29日凌晨，军警冲进工厂，直接向工人开枪扫射，当场打死8人，重伤17人，轻伤者不计其数。接着逮捕75人，开除3000多人，造成震惊中外的"五二九惨案"。

作为帝国主义侵华的帮凶和打手，在"五二九惨案"中，日本厂主既是大屠杀的始作俑者，也是最凶残的刽子手，其杀害的中国工人比军阀杀害的都多。他们站在楼上，居高临下，用枪肆意对着中国工人射击，中弹的工人一个个倒在地上。一些未能出厂的童工和女工听到枪声，或藏入棉包内，或趴在地沟边，被日本人搜出后，或直接枪杀，或用水淹死，或者活活抛入大海。有多少中国工人直接死于日本厂主之手，根本无法统计。据当时的报纸报道，至6月3日，日本厂主还在厂里搜出六七十个奄奄垂死的工人，人们还在地沟中发现了一大堆男女尸体！日本厂主的暴行，禽兽不如。

就在日本帝国主义疯狂屠杀青岛工人的第二天，即5月30日，上海万余名群众上街示威游行，反对上海日商纱厂镇压工人的恶行，却遭到了英国巡捕的血腥镇压，当场死伤数十人，酿成震惊中外的"五卅惨案"。"五二九惨案"和"五卅惨案"，当时被合称为"青沪惨案"，或"沪青惨案"。

"五二九惨案"发生时，邓恩铭不在青岛。得知青岛工人遭到肆意杀戮，邓恩铭不避凶险，立即于6月上旬秘密返回青岛，与共产党员李慰农、傅书堂等人一起，研究斗争策略，坚持进行斗争。他们以青岛党组织名义，给刚刚离开青岛的刘少奇写信，汇报惨案的经过，并与国民党青岛市临时党部合作，通过胶济铁路总工会、青岛学生联合会等组织，于6月9日建立青岛沪案后援会，发表《青岛沪案后援会宣言》，揭露日本帝国主义和反动军阀的暴行，呼吁全国人民支持青岛工人的斗争。

在邓恩铭、李慰农等人的领导下，山东各界群众纷纷建立爱国团体，向北京政府发出呼吁，要求惩办凶手，抵制日货、英货。青岛参加各种反帝爱国运动的有10万多人，建立爱国团体50多个，举行集会上百次。为了把青岛反帝斗争的力量联合起来，邓恩铭和李慰农等指示傅书堂以胶济铁路总工会代表的身份，与青岛学生联合会一起，发起组织了青岛各界联合会，之后，又成立青岛工界援助各地惨案联合会、青岛各界联合外交促进会，组织各界群众进行斗争。在青岛人民的英勇斗争面前，在全国人民的声援下，7月1日，张宗昌被迫释放了押在济南的6名大康纱厂工人代表。11日，胶澳当局也被迫释放了11名被捕的工人代表。

由于在声援"青沪惨案"的斗争中，日本资本家采取了镇压、分化等手段，虽然青岛人民的斗争如火如荼，但原来参加罢工斗争的纱厂工人基本上没有行动，由此影响了斗争效果。直到7月23日，大康纱厂的日方厂主无故将一名12岁童工打成重伤，所有纱厂工人才又开始举行同盟罢工。但此时敌人的气焰越发嚣张，张宗昌在接受了中、日反动势力的30万银圆后，再次命令大批军警对罢工进行镇压，并在7月29日，逮捕杀害了李慰农、胡信之等共产党人。

在敌人的大搜捕中，邓恩铭是重点搜捕对象，之后，敌人更是公开通缉邓恩铭等600多人。青岛处在极度的白色恐怖之中，反动军警到处捉拿共产党人，600多名暗探沿胶济路一直布置到济南。在险恶的局势面前，邓恩铭毫无惧色，继续坚持斗争。他安排有关同志到北京和上海等地，通过舆论揭露张宗昌的罪行，并亲自写了《胶济铁路总工会代表泣告书》，详述青岛所发生的种种惨案，号召国人卧薪尝胆，坚持斗争。《泣告书》在全国引起了巨大反响，上海《民国日报》对青岛人民的斗争予以重点报道，中共北方区委和北京学联在天安门广场召开万人大会，控诉张宗昌的滔天罪行。

"不斩单于诛百姓，可怜冤血染霜刀。"当时，邓恩铭满怀悲愤，画了一幅《张贼宗昌之残忍》的漫画。画上的张宗昌，两只牛眼，满脸横肉，高举着血淋淋的屠刀，活活刻画出张宗昌骄横、无赖、残暴、贪婪的丑恶嘴脸。

形势越来越严峻，通缉邓恩铭等人的通缉令贴满了青岛的大街小巷。虽然通缉令上的图像只是画了个黑白线条，但危险无处不在。为躲过军警搜捕，1925年7月底，在对善后事宜安排妥当后，邓恩铭离开青岛，徒步行走七八十里，从城阳、蓝村一带的小火车站登上火车，向西而去……

战斗在齐鲁大地

1925 年 8 月初，邓恩铭闯过道道险关，回到济南，仍住在二叔黄泽沛家中。但回到济南不到 20 天，邓恩铭即得到王尽美不幸病逝的噩耗。

王尽美是邓恩铭多年并肩战斗的战友，他们一起宣传马克思主义，一起组织学生运动，一起开展罢工斗争，一起创建山东党组织，一起参加党的第一次全国代表大会……许许多多的一起，使王尽美与邓恩铭的名字紧紧联系在一起，彼此不可分开，难以分开。多少年后，不论是陈潭秋、董必武、毛泽东，还是其他人，只要提到山东早期的革命斗争，一直把二人联系在一起，从来没有分开过。

王尽美出身贫苦，幼年时家里生活条件很差。参加革命后，长期的忘我工作和艰苦的斗争生活，使王尽美患上严重的结核病。结核病，现在不算大病，当时却被看成不治之症，而且是容易相互感染的疾病。1925年春节前夕，王尽美因疲劳过度吐血晕倒，不得不住院治疗。时值山东工人运动蓬勃发展之际，他毅然出院，抱病赴青岛投入罢工斗争。6月，因病情复发，党组织安排他回到家乡诸城养病。7月，病情恶化，党组织安排他住进青岛医院。8月19日，王尽美不幸在青岛病逝，年仅27岁。他是党的一大13位代表中最先离世的一位，一生为中国革命作出了巨大贡献。他的生命终结在本该大显身手的青春韶光岁月，他的事业永远留在了中国革命的伟大征程中。

在生命的最后时刻，王尽美请青岛党组织负责人用笔记录下他的遗嘱："全体同志要好好工作，为无产阶级和全人类的解放和共产主义的彻底实现而奋斗到底。"

得知王尽美病逝，邓恩铭万分悲痛。几个月前，他们还共同在青岛开展革命斗争。而在山东白色恐怖日甚一日的时候，王尽美的英年早逝，无疑使山东革命事业遭受到重大的损失。

王尽美逝世后，按照党中央安排，由邓恩铭接任山东地委书记，挑起领导山东人民进行革命斗争的重担。这一年，邓恩铭24岁。

当年9月，中共中央专门听取山东的工作汇报，通过了《山东报告议决案》，对山东的工作"颇为满意"，要求山东党组织继续进行党和工会的秘密组织，在农民中做政治宣传和农会组织的工作，注意青年运动和国民党的工作。按照中央的要求，邓恩铭于10月在潍坊青州的东圣水村主持召开山东地执委扩大会议，总结五卅运动以来的经验教训，研究了党团组织发展及群众运动等问题。山东党的工作重新走上稳步发展的轨道。

在济南期间，由于每天出出进进、忙忙碌碌，堂弟和弟媳虽不知道邓恩铭在干什么，从军阀的通缉令中，也猜出个八九不离十，都为他的安全担心。每当这时，邓恩铭总是笑笑，表示感谢。

1925年11月7日清晨，邓恩铭与省地执委几名委员正在机关开会，研究纪念十月革命节的活动，数名警察突然闯进屋来，不由分说逮捕了邓恩铭等人。

邓恩铭常年为革命操劳，生活艰苦，废寝忘食，已经严重影响到自身的健康，虽然年轻，也染上了肺结核病。在平常的生活环境中还不要紧，被捕入狱后，因多次受刑，加上生活条件极差，引起肺结核病发作，颈部也患上了淋巴结核。但酷刑和重病折磨，压不倒坚强的邓恩铭。

当时是国共合作时期，得知邓恩铭被捕，国民党山东省党部曾开展营救，但没有效果。中共山东党组织更是通过各种渠道，千方百计营救邓恩铭。而警方逮捕了邓恩铭，但不知道他的真实身份，虽然反复进行严刑拷打，依然得不到任何口供，于是允许对邓恩铭具保开释。党组织找到邓恩铭两位当官的贵州同乡，经过劝说，由他们出面担保。邓恩铭的堂弟媳妇藤尧珍也接受了党组织的嘱托，慨然解囊，贿动警方。经过多方努力，邓恩铭以"保外就医"的名义，成功出狱。

出狱那天，邓恩铭面色苍白，步履艰难，力不能支。接他出狱的藤尧珍忍不住流下眼泪。邓恩铭却安慰堂弟媳："坐牢算啥，往后还得同那些狗斗一斗。"

邓恩铭出狱后，还住在二叔家里。黄泽沛这时发现邓恩铭原来是在进行共产党的活动，既惊又怕，觉得邓恩铭辜负了自己的良苦用心，要求邓恩铭以后不得参与政事，安分守己，求取功名。邓恩铭理解叔叔的心意，但他不能放弃革命。身体稍好一点，照样跑工厂，到学校，积极开展党的工作。有时候一出去就是十天半个月，一身疲惫、步履匆匆地返回家里，又约集一些人在卧室里开会。

邓恩铭的堂弟媳藤尧珍，是贵州客家人，出身贫寒，受邓恩铭的影响和熏陶，这时也由胆小怕事变为同情革命。她不仅把自己的私房钱拿出来供邓恩铭使用，还为邓恩铭传递报刊、文件，为邓恩铭开展工作提供了不少帮助。

邓恩铭被捕的消息传到荔波，父亲邓国琼寝食难安，不顾巨大开销和旅途艰辛，千里迢迢赶到济南。这时邓恩铭已经出狱。父亲看着虚弱的儿子，眼泪禁不住顺着脸颊往下流。邓恩铭深感父亲的舐犊之情，但知道革命的道理跟父亲一天两天解释不清，只能用好言好语去安慰父亲。父亲走后，邓恩铭觉得身体稍有恢复，即悄悄离开二叔家，继续为革命奔波操劳。

1926年2月，根据中共中央指示，组成了新的山东地执委，由中央派到山东的张昆弟任书记，刘俊才等人为委员。邓恩铭自觉接受党中央的工作安排。先是再次来到淄博，以小学教员的身份，一面养病，一面指导矿区工作。接着，又从淄博来到潍坊寿光开展工作。

在寿光县，邓恩铭住在时任寿光党支部书记的张玉山家中。张玉山家在张家庄农村，邓恩铭住下后，很快同当地农民交上了朋友，并亲自给农民夜校上课。为启发农民的思想觉悟，教育农民认识到自身价值，邓恩铭编写了一些通俗易懂、朗朗上口的歌谣，教给农民传唱。其中有这样一首：

为农好，为农好，
尽心耕种就得饱。
待到春雨降，
呼童耕宜早。
知心邻家伴，
荷锄走相照。

不但是同日，

又是与同道。

虽然官绅都轻农，

试问他离开五谷能活了？

由于邓恩铭的活动引起寿光县当局的注意，党组织为了邓恩铭的安全，随即护送他离开寿光。不久，党组织再次派他回到青岛。

青岛，是邓恩铭长期战斗过的地方。1925年7月以后，反动当局变本加厉地摧残革命力量，但共产党人依然在领导群众进行不屈不挠的斗争。1925年年底和1926年年初，青岛党组织连续遭到敌人破坏，损失很大，急待恢复和整顿。中共山东地执委为加强青岛党的领导力量，决定派邓恩铭等人重返青岛。邓恩铭不顾疾病带来的痛苦，在极为困难的情况下，努力恢复青岛的地下党组织。

鉴于青岛的政治环境恶劣，邓恩铭决定采取隐蔽的工作方式，将工作重心放在发展组织、积蓄力量、提高党团员的素质上。他们一面对各级党组织进行整顿，加大党内外的宣传力度，主编了《红

旗》《铁路工人》等内部刊物，翻印了《共产党宣言》等书籍，同时加强对农民的组织教育工作。通过这些工作，青岛的党团组织很快得到了恢复和发展，到 1927 年，已经有党员 50 多名，团员近百名。一些农村中也组织起农民协会，通过开办俱乐部、武馆等形式，联络农民，开展农民运动。

从 1925 年 8 月到 1927 年 2 月，邓恩铭的足迹踏遍了山东大地，既全面负责过山东全省的党的工作，又具体进行着党组织的发展和建设工作，其战斗的脚步走到哪里，就把革命烈火点燃到哪里，为山东的革命事业发展作出了杰出贡献。

开展武装斗争

1926年7月，国共合作后的北伐战争拉开了帷幕。北伐军摧枯拉朽，势如破竹，短短8个月，即占领了湖南、湖北、江西等南方诸省，歼灭了军阀吴佩孚、孙传芳的主力。就在全国革命形势一片大好之时，身为国民革命军总司令的蒋介石却集结各种反动力量，和帝国主义、地主买办阶级勾结起来，积极策划反共篡权活动，在1927年4月，发动了四一二反革命政变。

而当全国工农运动不断高涨之际，中共中央的主要领导人却犯了忽视争取军队和掌握政权的错误，客观上助成了蒋介石独裁地位的形成。在蒋介石反革命面目日益暴露的时候，中央依然确定了压制工农运动以谋求同国民党右派妥协的投降主义方针，就此把革命推向了深渊。

右倾机会主义路线严重影响到党的工作开展，也影响了山东工作的开展。在青岛，有的同志存在着消极畏难情绪，不敢理直气壮地进行斗争。身在基层的邓恩铭对此感受特别直接，他曾严厉批评这种现象："群众的表现比我们的同志愤慨、勇敢得多"，他认为，缺乏坚强有力的党的领导，是"山东整个党的保守政策的必然结果"。

1927年3月，邓恩铭来到当时中国革命的政治中心武汉，向党中央汇报工作。不久，蒋介石发动四一二政变，中国的政治局势发生了根本性变化。1927年4月27日至5月10日，中国共产党第五次全国代表大会在武汉召开。邓恩铭出席了党的五大，同许多代表一样，期待着大会能够清醒地判断形势，从危难中挽救中国革命。但这次大会没能在党面临生死存亡的时刻，为全党指明出路，而是坐视局势继续恶化。

五大闭幕后，邓恩铭继续留在武汉，并应邀到毛泽东任书记的中共中央农民运动委员会主办的武昌农民运动讲习所，向学员们介绍山东的工人农民运动开展情况，看望了正在讲习所学习的丁祝华、王云生等山东来的学员，帮助学员解决了一些实际问题。6月19日，邓恩铭参加了在汉口举行的第四次全国劳动大会，大会号召工人阶级同农民、小资产阶级结成坚强的同盟，坚决反对蒋介石的反革命叛变活动。但不久，汪精卫也在武汉发动七一五反革命政变。邓恩铭又一次感受到右倾机会主义的危害。此后，在党组织的安排下，邓恩铭离开武汉，经过上海，于8月回到山东。

1927年8月7日，中共中央在汉口召开紧急会议，史称"八七会议"。会议总结了大革命失败的经验教训，纠正了右倾机会主义的错误，确定了土地革命和武装反抗国民党反动派的总方针，并把发动农民举行秋收起义，作为党的主要任务。

当时，由于白色恐怖笼罩着中华大地，党的信息交流受到严重影响，直到当年9月中旬，山东仍没有接到八七会议的文件。而邓恩铭回到山东后，在8月下旬即按照党中央的安排，担任了改组后的山东省委书记职务。9月15日，邓恩铭致信党中央，请求中央对山东工作的指导。9月下旬，党的八七会议精神和党中央的工作指示传到山东，邓恩铭立即于10月10日至11日，召开省委扩大会议，贯彻党的八七会议精神。

但就在这次会议上，卢福坦等人突然发难，指责邓恩铭和之前山东省委的工作是"机会主义"的，借口中央领导变动，也要改变省委领导。这种批评没有任何根据。因为邓恩铭从武汉回到山东之前，5月20日，中共山东区委机关及济南市大部分党组织遭到敌人破坏，许多党的领导干部或者被捕，或者牺牲，山东党的工作一度陷于停顿。邓恩铭回到山东，只有两个月时间，要完全恢复党的组织，组织农民暴动，显然不可能。但卢福坦等人坚持要改组省委，在当时的情况下，邓恩铭不可能予以拒绝。而改组后的结果，卢福坦为省委书记，邓恩铭等5人为省委常委。

卢福坦，山东泰安人，原是煤矿学徒，后当了煤矿把头，1926年加入中国共产党，典型的投机型人物。虽然大字不识几个，但这时已经染上了官瘾，之后官越干越大，野心也越来越大。1931年中共六届四中全会上，成为中央政治局委员；当年6月党的总书记向忠发被捕，不到26个小时即叛变革命，总书记的位子空缺，卢福坦野心膨胀，自告奋勇向王明毛遂自荐，要求出任总书记。虽然没当成总书记，但最后成了中央常委。1933年1月卢福坦被捕，叛变的速度比向忠发还快，跟着又成为国民党特务。新中国成立后，长期被我公安机关关押，1969年11月被处以极刑。

这次省委改选，许多党员不满意。邓恩铭也有看法，但为了党的团结，还是尽力说服了大家。11月9日到10日，中共中央临时政治局在上海召开扩大会议，邓恩铭代表山东省委出席了会议。这次会议接受了共产国际代表罗米那兹的"左"倾观点，认为中国革命是"无间断的革命"，要求实行全国武装暴动，并且专门要求山东省委按照会议精神，立即开展武装斗争。

11月中旬，邓恩铭回到山东，按照中央要求，立即召开省委扩大会议。由于中央扩大会议"左"倾错误的影响，省委扩大会议也出现了不顾实际情况的现象，作出"急速地进行武装斗争"的决议。11月28日，中共山东省委常委举行会议，再次对省委进行改组，免去了卢福坦省委书记的职务，另选邓恩铭等 3 人为常委，邓恩铭为省委书记。

中国革命没有现成的道路可走，中国武装革命斗争更是一条荆棘塞途的新路，必须大胆去闯，放胆去尝。"尝"，就是进行实验和实践。由于当时中央"左"倾错误的指导，邓恩铭不可能完全摆脱这种影响。从当年 11 月到 1928 年 1 月底，以邓恩铭为首的山东省委，一直在竭力组织开展武装斗争，进行着"放胆尝"的革命实践。

山东人性格豪爽，热情奔放，不乏路见不平一声吼的英雄好汉，经过充分准备，当然能够有效地开展武装斗争。此后的抗日战争和解放战争，我党在山东领导的气势恢宏的人民战争，就是证明。而林海雪原里智勇双全的侦察英雄杨子荣，更是把山东人的性格特征表现得淋漓尽致。从 1927 年 11 月开始，邓恩铭和省委其他成员一起，先后组织了胶州、高密、诸城一带的大刀会暴动，鲁北的陵县、德县等多次暴动。但因为事先准备不足，缺乏有力的领导，不是中途夭折，就是最后失败。

1928 年 1 月 10 日，山东省委发出《关于发动农民斗争问题》的通告，要求各级党组织彻底肃清投机妥协思想，只要客观上可能，即使主观上不足，也要立即进行暴动。由此提出了利用绿林武装首领韩建德，组织聊城、博平、阳谷等5县农民暴动的计划。1月14日，在缺乏充分准备的情况下，韩建德带领几十个人占领了阳谷县坡里天主教堂，缴获了几十支枪和大批粮食。

韩建德占领教堂后，中共东昌县委当即派出部分党员进入教堂，掌握了暴动武装，并提出"建立工农革命政权"的主张，同时把教堂储存的粮食分给贫苦农民。之后，阳谷、聊城等地200多名农民协会会员也参加了暴动队伍。但坡里暴动很快引起反动军阀的反扑，张宗昌立即调动装备有钢炮、机枪的军阀部队，和地方反动军警一起，围攻起义队伍。农民起义队伍坚守教堂25天，终因寡不敌众，于2月7日夜趁风沙漫天之时撤离教堂。当起义队伍来到河北省大名县一带时，遭到张宗昌等反动军队的前后夹击，最终陷于失败。

应该说，鲁西北五县农民起义的地点选得不错，处在反动统治力量相对薄弱的地方，起义农民在敌人的炮火硝烟中坚持了25天之久，说明起义部队具有一定的战斗力。而外国教堂当时是帝国主义侵略中国的帮凶，攻打教堂同样得到了农民的拥护。但在暴动武装力量十分弱小的情况下，即把武装斗争放在坚守某个据点上，打阵地战、防守战、消耗战，显然不切实际。

农民暴动屡战屡败，接连失败。2月1日，山东省委在坊子召开会议，对3个月来的工作进行总结。会议对省委常委的工作提出严厉批评，认为省委对暴动估计不足，把流氓地痞作为暴动的基础之一。邓恩铭等在接受批评的同时，也进行了解释，认为处在工作交替时，急于落实中央的工作要求，对全省问题"绝少根底"即开始行动，属于"开始尝试"，只是"努力地瞎碰"。

邓恩铭的工作总结，既查找出工作中的不足，显示出共产党员的责任担当，又指出了问题的根源，如果总结经验，接受教训，对之后的工作开展显然大有裨益。当时我党刚开始进行武装斗争，普遍缺乏经验，许多农民起义包括一些大规模的武装起义，都难摆脱失败的厄运。只要放开革命之胆，一往直前、坚忍不拔地大胆尝试，就能不断成熟，不断提高，不断前进。但卢福坦等人借机又要改选省委，会议再次选举卢福坦为省委书记，接着给了邓恩铭等原来3名常委警告的处分。

邓恩铭领导的山东农民武装斗争，由此暂告一个段落。之后，邓恩铭按照省委的工作安排，又回到青岛，继续领导青岛的革命斗争。

13 党内反腐留砺痕

腐败，是因私欲而违规行使各种公共权力的行为，或者是肆意用权，或者是贪占财物，或大或小，或明或暗，林林总总，形形色色。

腐败和私有制是亲兄弟，与剥削阶级是亲弟兄，与公有制互不相容，与共产党势不两立。中国共产党是全心全意为人民服务的政党。在革命战争年代，参加共产党不仅不会获取任何个人利益，而且随时都有流血牺牲的危险。

在我党早期的共产党员中，既有受苦受难的穷苦百姓，也有许多富家子弟。例如无产阶级革命家邓中夏，甘心情愿放弃高官厚禄，无怨无悔地为革命吃苦受罪。被毛泽东誉为"农民运动大王"的彭湃，生在大地主家庭，26岁任县教育局局长，家境富裕，官运亨通，却放弃优越的生活，回到家乡组织农民革命。开始，农民认为他是来收租子，躲得远远的。彭湃拿出祖上分给他的田契，对着农民大声说：这是你们的田契，我现在把它们烧了，以后这些土地都是你们的了。说着，点起一把火，烧了田契。农民见状，感动得泪如雨下，农民很快组织起来了，农民运动很快开展起来了。

江河奔流，泥沙俱下。在党处于地下活动的条件下，一开始就想通过加入共产党去升官发财的人，当然极为罕见。凡是心术不正的人，肯定要削尖脑袋往国民党里钻，根本不会去加入共产党。但随着形势的发展，特别是革命处于艰难的时候，不乏一些共产党员对党失去信心，或者看到别人升官发财眼红心热，中途叛党、退党。党的一大代表周佛海，就是见利忘义，嫌每个月交纳70多元党费太多、太亏了，在老婆的鼓动下脱离了共产党，最后成为人人不齿的汉奸。

在早期山东共产党员的队伍中，也出了这样一个令人不齿的叛徒，叫王复元。

王复元，1900生于山东历城，当过修表工、电工，算是工人阶级出身。一开始，在与王尽美等早期共产党人的交往中，表现得非常积极，1921年年底，以中国工人代表身份参加了远东各国共产党及民族革命团体第一次代表大会，1922年加入中国共产党。1925年被派往青岛，曾任中共青岛市委书记，中共山东省委组织部部长等职务。

但是，随着革命斗争的艰难曲折行进，王复元渐渐对革命失去信心，认为参加共产党不能发财，又充满风险，开始幻想去过锦衣玉食的生活。一个针尖大的窟窿，能透过牛头大的风，一旦在思想上偏离党的宗旨，必然与共产党渐行渐远。随着私心滋生、私欲膨胀，王复元走上了贪污腐败的邪路。

进行党的活动，开展党的工作，要有必要的活动经费。中共一大后，按照共产国际的安排，在中国建立了一支职业革命家队伍，同样要有一定的活动经费支撑。当时党的活动经费，少部分来自党员的党费，绝大部分来自苏联，由苏联提供给党中央，中央分拨给各地党组织。由于敌人的疯狂破坏和各种客观原因，经常出现党的活动经费迟迟不能到位的情况，并且数量有限。每一分钱都来之不易，每一分钱都非常宝贵，每一分钱都不能乱花，进行革命斗争的同志，无不过着艰苦的生活。

1927年4月，王复元到武汉向党中央汇报工作。之后，中央让王复元带回拨给山东党组织的活动经费1000元。当时的1000元，算得上一笔巨款。此时蒋介石正四处捕杀共产党人，国共合作岌岌可危。面对险象环生的斗争局面，王复元恐惧了，对革命失望了，觉得共产党恐怕不能存在了。于是见钱眼开，心生邪念，将党中央划拨的活动经费据为己有，回到山东，谎称途中被窃。

同志们对巨款丢失深感惋惜。但战争年代，兵戈扰攘，各种变故都会发生，王复元又是党的领导干部，谁都没想到他会贪污党的活动经费。

有了第一次，就有第二次、第三次。王复元看到没人追究，贪心越来越重，贼胆越来越大，之后又几次贪污公款，损公肥私。最后发展到谎称为中央筹集资金，从直属中共山东省委机关印刷部的集成石印局一次拿走了2000块银圆。石印局承担着印刷山东党内刊物《红星》、党的文件与宣传材料的重任，由于王复元将石印局的资金全部拿走，导致此后石印局被迫停业。

2000块银圆，不是个小数目。邓恩铭随之向党中央了解情况。结果大吃一惊：党中央根本没听说过这笔款项！再经过调查，发现王复元在诡称党的活动经费丢失后，却有来源不明的金钱供其个人挥霍消费。很快，党组织弄清了王复元贪污党的活动经费的丑行。

这可是前所未有、令人震惊、使人气愤的大事件！邓恩铭在苏俄期间，从一块面包的分配中，看到了什么是共产党员，什么是党的领导干部。一个领导干部贪污党的活动经费，说明他再也不配做一个共产党员。而1926年8月，中共中央即发出《坚决清洗贪污腐化分子》的通告，要求对各种贪污腐败分子"务须不留情地清理出党"。多行不义必自毙，恶竹应须斩万竿，山东省委依据党的纪律，将王复元开除出党。

邓恩铭由此成为中共党史上的反腐第一人，王复元也因此成为中共历史上由于贪污被开除出党的第一人。

开除王复元党籍，完全正确，非常必要。但对犯下如此贪污罪行的王复元来说，显然又远远不够。由于之前我党没有处理此类案件的先例，没有规定其他处理手段，王复元被开除党籍后，没有予以进一步处理。而王复元掌握着许多党的机密，由此埋下了极大的隐患。

果然，王复元被开除党籍后，不仅不感念党的宽大为怀，反而于1928年上半年投奔了国民党，同时鼓动其胞兄王用章跟着叛变投敌，而王用章同样担任过山东省委的重要职务。"二王"为了向国民党反动派递送投名状，穷凶极恶，丧心病狂，一起参加了由国民党特务组织的"捕共队"，和日伪警察狼狈为奸，到处搜捕共产党人，破坏我党在山东的各级组织和领导机关。

由于"二王"对我党的活动非常了解，后任省委领导对其破坏性估计不足，致使敌人的破坏行动屡屡得手。1929年1月19日，济南日伪警察依照王复元等人提供的线索，一次抓捕了邓恩铭等17位同志。山东的党组织遭到空前的破坏。

当时，中央军委书记周恩来得知这一消息，立即在上海召开紧急会议，决定派中央特科人员张英赴山东锄奸。张英体格强壮，武艺高强，是特科有名的"神枪手",曾被派往苏联高级军官学校深造。临到山东前,周恩来亲自找张英谈话,张英向周恩来保证:"坚决完成党交给的任务!"

处置叛徒王复元,可谓几经周折,步步惊心。

1929年3月,张英刚到济南,助手就不幸被捕。当时济南城规定单身不能住旅店,为掩护张英完成锄奸任务,山东省委选派省委工运部部长傅书堂的大妹妹傅桂兰,与张英假扮夫妻,住进一大马路的悦来客栈。但第二天二人又不幸被捕。原来,这都是叛徒王复元带着特务顺藤摸瓜,破坏了我党的地下联络点。敌人对张英多次动刑,一天压了3次杠子,打了400皮鞭,张英被打得多次昏死过去。敌人也对傅桂兰施以大刑,打得皮开肉绽,但傅桂兰咬定张英是她的丈夫,自己名叫单娟。

夜半时分,苏醒过来的张英忍着疼痛,靠着自幼练就的一身内外软硬功夫,乘守警打瞌睡之机,用力挣脱镣铐,越过围墙逃走,返回青岛。因重伤在身,青岛市委把张英暂时安排到时任青岛邮电局局长的日本人金指金一郎家里,给金指金一郎的家庭厨师曲学尧当助手，靠着日本人的灯下黑隐蔽起来。曲学尧是地下党员王科仁的姐夫，之后，王科仁成为青岛党组织与张英的联络人。

数月后，张英恢复了健康，在党组织的安排下，开始和王科仁等人一起执行惩处叛徒的计划。他们首先找到高密的第一位女共产党员、傅桂兰的妹妹傅玉真，告知其丈夫丁惟尊与王复元一起投敌叛变。傅玉真得知真相，气愤至极，毅然大义灭亲，最终完成了姐姐傅桂兰没有完成的任务，除掉了叛徒王复元，书写下一段姐妹锄奸的稀世传奇。

1929年8月10日晚，张英来到傅玉真家中，在傅玉真的协助下，打死了叛徒丁惟尊。傅玉真机警地骗过了敌人审查。第二天，王复元来到傅玉真家里，恶毒地鼓动傅玉真："丁惟尊是被共产党杀的，咱们得给他报仇。"傅玉真迅速向市委做了汇报，提供了王复元的活动规律。8月16日下午，张英、王科仁得知王复元要到鞋店取鞋，提前进入鞋店。当王复元拿着鞋子准备走出鞋店时，王科仁拔出手枪连续射击，王复元应声倒地。3颗复仇的子弹飞快地带走了一个罪恶的灵魂，留下一个跌宕起伏又大快人心的党内锄奸故事。张英和王科仁趁着街面上一片混乱，安全地从鞋店撤离出来。

惩处了叛徒，山东党组织暂时得到了安全。但腐败分子造成的破坏却极为惨重。血淋淋的事实说明，一旦共产党员出现腐败，就成了共产党的叛徒，必须除恶务尽，斩草除根，容不得半点迁就和宽容。自私是叛变的开始，金钱是叛变的绳索，贪欲是叛变的根本，而一日纵敌，万世之患，庆父不除，鲁难未已，这些，是党内反腐留给后人的珍贵启示，理应成为中共党史一段抹不去的记忆。

红色书信励后人

邓恩铭一生留下了不少理论著述，也留下许多往来书信。中央档案馆里保存着 45 封邓恩铭的亲笔书信。这些保存下来的书信，是邓恩铭一生所写书信的铢两分寸，却是邓恩铭革命生涯的真实写照，是邓恩铭热血男儿的真情流露。一封封纸张发黄的书信，就像一尊尊历史丰碑，诉说着邓恩铭的高风亮节、德厚流光，犹如一座座红色路标，记录下邓恩铭的大智大勇、浩气英风。

工作信函——刚毅忠诚显本色。

邓恩铭留下的 45 封书信，有 32 封是同党组织进行工作联系、请示汇报的信函。从中可以看到，不管是多么艰苦险恶的环境，多么困难复杂的任务，邓恩铭矢志不渝忠诚于党和人民的事业，对革命工作呕心沥血，鞠躬尽瘁，死而后已。

1923 年，邓恩铭前往青岛开展工作。很长一段时间里，基本上是单人匹马，孤身作战，许多工作要向上级请示汇报，包括直接向中央请示汇报。当时长距离之间的联系方式主要是书信，书信成为邓恩铭与党组织联系的主要手段。在书信往来中，邓恩铭及时汇报自己的工作情况，及时接受上级的工作指导。1923 年 10 月，他在给时任团中央执行委员会委员长刘仁静的信中，有些自嘲地写道："实好似穷困之孤军奋斗。"直到 1924 年 3 月，已经过去将近一年时间，青岛"依然是我一人在各方面跑"。但历史就此书写出一页光荣而卓越的记录：邓恩铭是青岛党和革命事业的开拓者。

荆棘丛中，白手起家，必然面临数不清的艰难困苦，重重险阻。

首先是缺少活动经费。当时，中国共产党刚成立，是个只有几百人的小党，党的活动经费非常紧张。邓恩铭刚到青岛，一无组织，二无同志，完全处在陌生的环境当中。由于地下工作需要，又不能简单去寻找待遇优厚的职业，因此"经济极窘"。邓恩铭在青岛期间给中央写过 31 封信，提到经济问题的有 18 封，要求速寄活动经费的有 12 封，可见邓恩铭在经费方面的窘况。为解决经济困难，邓恩铭千方百计筹措资金，多次同中央商讨开办书店和学校的事宜，以达到既解决部分经费，又能扩大革命影响、壮大革命力量的效果。

比缺少经费更困难的是政治环境的险恶。

青岛为山东咽喉，1897 年后被德、日帝国主义强占。邓恩铭到青岛时，形式上日本向中国交还了青岛，实际上青岛仍处在帝国主义的控制之下，帝国主义的军舰时时在向中国人民示威。在这里建立党团组织，开展工人运动，不但遭到封建军阀的镇压，还要遭到帝国主义的镇压。而帝国主义的长期奴化教育，使青岛群众运动开展"困难已极"，当时青岛"没有一家报馆敢说硬话"。

尽管针针丛棘，困难重重，邓恩铭依然充满革命乐观主义精神，满怀信心面对挑战。1924 年 3 月 18 日，他在给刘仁静的信中写道："青岛好像一片干净的腴土，随地可以种植。"他敏锐地观察到在青岛开展工作的各种有利条件。最终，在邓恩铭筚路蓝缕的辛勤开拓下，这片腴土结出了累累

硕果。单就党组织建设来说，1923年8月，中共青岛组成立，1924年7月，改称中共青岛独立组，1925年2月，建立中共青岛支部。青岛革命斗争掀开一页又一页辉煌的篇章。1925年4月，邓恩铭在给邓中夏的信中自信地写道："'世界是工人的'，现在我们缩小些说，青岛是工人的！"

红色家书——拳拳之心赤子情。

兵荒马乱，社会动荡，自然就像1000多年前诗圣杜甫感慨的那样：烽火连三月，家书抵万金。山东与贵州相隔数千里，在20世纪20年代，说得上雾暗云深、山遥路远。由于天南地北，来回一趟既耗费时日，且花销不菲，因此邓恩铭16岁离开荔波后，再也没有回到过家乡。其对父母亲人的思念，只能通过鸿雁传书，聊感春晖，略表心迹。在邓恩铭留下的13封家书中，既饱含着浓浓的思乡之意，也充满了为国为民的赤子之情。

对父母，一片孝行在心底。

邓恩铭是伟大的革命家，又是一个好儿子。在邓恩铭留下的家书中，能看到他对父母的一片赤子之心。"植树节快到了，朱大人后头我们家的祖坟边，一定要多栽柏枝树，中间杂一两株樟树，景致更加好看，千万不用再误了。北门城外同西龙坛也应该栽一点来点缀点缀……春天气候不一，总乞千万珍重玉体为要！""母亲身体总要好好保养，多吃点有养料的东西，鸡蛋、牛乳、牛肉，千万不可乱吃药，吃错了就坏事，务必注意。"不管当时的家庭条件如何，母亲能不能吃到鸡蛋、牛乳、牛肉这样有养料的东西，从中体现出来的，是邓恩铭对慈母的知冷知热，体贴入微。

但是，在革命事业与父母的期望中，邓恩铭依然选择了革命。邓恩铭的家人原期望他读书做官，可他视名利如粪土。家人的多次规劝，二叔因此中止对他的经济援助，父亲连续来信催逼他回家完婚，都没有动摇邓恩铭革命的决心。他在信中说，自己"职务缠身"，不能回家完婚，但"儿主张既定，决不更改"，道出了对无产阶级革命事业的无限忠诚和坚定信念，显示了邓恩铭在革命道路上百折不回、矢志不改的崇高革命精神。

对父母，邓恩铭一直感到亏欠太多，常怀愧疚之心，字里行间透着遗憾。他在信中说，"吾人欲图成一事，必经大艰难、大困苦，而后能达吾人之目的"。1924年5月8日，邓恩铭给父亲写信："儿生性与人不同，最憎恶的是名与利，故有负双亲之期望，但所志既如此，亦无可如何。"

邓恩铭3次入狱，在狱中写过数封家书。其中一封家书，是嘱咐弟弟妹妹用功读书，同时劝慰母亲，"儿或许能在不久之将来恢复自由"。一些人把这说成是邓恩铭对国民党"大赦"抱有幻想，殊不知，这是儿子对天各一方的慈母的宽慰，展现的是儿子对母亲的孝悌之心。

对兄弟，手足之情凝笔端。

邓恩铭兄弟姐妹5人，上有姐姐，下有妹妹，还有两个弟弟。1925年9月，邓恩铭收到弟弟的来信，诉说家乡遭受旱灾，米价飞涨，希望他能寄些钱回去，帮助度过灾荒。邓恩铭给弟弟回信："知道家乡米贵。但是我没有分文汇回去，使老少少受点穷苦，实在是罪过！"他在信中写道："弟弟们，你们要原谅我，因为我赋性刚直，脾气不好，在这样的时代，实无我插身的地，兼之我又不会巴结，所以在外漂泊两年，只能谋个人的温饱，无力顾家，这实在是不得已的事情，不是我目无家庭也。"愧疚之情，深切著明，溢满笔底。

其实，这时邓恩铭担任山东地委书记，也就是山东的省委书记，如果真想拿点钱寄回家里，并不是绝无可能。但由于自身赤贫如洗，对党的事业赤胆忠心，明明对家乡亲人牵肠挂肚，却只能忧公忘私。而"赋性刚直，脾气不好"，既是托词，也体现出对革命的忠贞不渝、碧血丹心。一个共产党员的崇高道德人格，熠熠生辉，跃然纸上。

对人生，革命事业万般重。

为了革命事业，邓恩铭一生未婚。在与父母的信中，却多次提到个人的婚姻问题。

1917年秋，邓恩铭启程赴山东之前，父母在荔波替他订了婚。女方叫于云仙，一个似乎是不染尘世的名字。当时父母包办婚姻太正常不过了，16岁完婚也很普遍。但以追求"国计民生焕然新"为己任的邓恩铭，对这桩婚事则多有抱怨。1922年8月，邓恩铭给父母的信中依然不乏抱怨之声：父母"本为儿女好的，哪晓得反到害起儿女来，比比皆是，最头痛的就是替儿女订婚……唉！父母的一片好心，做儿女的无有一个不感激，不过总盼望做父母改换改换方法来爱儿女就行了"。

尽管如此，邓恩铭又在替未婚妻着想：论事只有退婚，但"退了她，实在难她；心里也很不好过，没有法子，只得完了婚算了"。一个有情有义男子汉的形象，活生生地展现在人们面前。

之后，邓恩铭一直为革命事业奔走，没有机会回荔波，完婚之事也不了了之。1925年后，邓恩铭给父亲写信，提出"把云仙娶过来"。但这时父亲却没有回音，可能是老人家知道邓恩铭从事的革命活动是要掉脑袋的事，担心连累到于家。1930年12月5日，邓恩铭在济南监狱中给母亲写信，再次向母亲提出："儿为人道起见，且不忍辜负云仙情意，仍主张在儿未回家之前，把云仙先接过来，一则使母亲有人伴侍，二则可以安其心。"

邓恩铭和于云仙的婚姻一波三折，真情彰显，却好事不成，鹊桥难渡，令人感慨万千，唏嘘不已。

而邓恩铭留下的珍贵书信，真实记录了一代伟人对家庭、对亲人、对同志浓浓的亲情挚爱，对党、对革命事业的满腔赤诚，体现着一个无产阶级革命家的云水襟怀、松柏气节，细微处见人格，平凡中见精神，闪耀着光彩夺目的伟人风采，给后人留下了殊为珍贵的精神财富。

15 英勇的狱中斗争

1928年春，邓恩铭来到青岛，担任中共青岛市委书记，住在甘肃路17号徐子兴的家中。

徐子兴，原名徐国祥，1899年出生于山东即墨一个农民家庭，1925年加入中国共产党，后任中共青岛邮局秘密党支部书记、青岛市委委员。当时邮局职员的工资比较丰厚，每月80多块银圆，徐子兴却生活俭朴，把大部分薪金都用作党的经费。王复元叛变后，徐子兴接受党组织委派，以假自首打入敌人内部，掌握了王复元的行踪，协助党组织铲除了这个叛徒。1931年4月，徐子兴不幸被捕，当年8月19日，在济南英勇就义。

邓恩铭在青岛期间，不顾白色恐怖，积极开展工作。春夏季节，青岛雨水较多，邓恩铭提着一把布伞，顶风冒雨，东奔西走，深入工人中间，启发工人的斗争觉悟，坚定工人的斗争信念。短短几个月时间，青岛党的战斗力即显著加强，工作出现了新的局面。在"济南惨案"中，青岛各界举行了大规模的游行示威，一度低落的青岛人民反帝爱国热情再次高涨起来。当年7月，邓恩铭被调回济南，接着又被派到淄博工作。

"济南惨案"，是日本军国主义在蒋介石不抵抗政策的纵容下，制造的一桩残酷屠杀中国人民的滔天血案。1928年5月3日，蒋介石的军队进占济南，日本政府借口"护侨"，派兵侵占济南商埠，大肆屠杀中国军民，甚至惨杀了17名中国外交官。被誉为"外交史上第一人"的中国外交官蔡公时，被日寇割去鼻子、耳朵、舌头，为国英勇捐躯。蒋介石一看日本鬼子露出凶相，立即显出投降卖国的本相，马上怂成一摊稀泥，下令中国军队赶紧撤出济南。5月11日，日军全部占领济南，先后屠杀中国居民6123人，仅有名有姓的死伤者即达1.7万人！史称"济南惨案"或"五三惨案"。这是蒋介石投降卖国嘴脸的一次大暴露。之后，全国人民掀起声势浩大的抗议浪潮，日军迫于中国人民的声威，于 1929 年 5 月撤出济南，但在蒋介石的默许下，竟然对中国人民的巨大损失只字不提。

日军占领济南后，不许国民党军进入济南，又和国民党特务沆瀣一气反对共产党。就在国民党山东省政府被撵到泰安苟延残喘之时，国民党却暗中在济南建立山东省党部，组织"捕共队"。因贪污被开除党籍的王复元等人都参加了"捕共队"，在日军支持下，到处搜捕共产党人。

邓恩铭得知王复元和王用章叛变后，深知叛徒的危害，亲自赶到各地通知同志们撤离，使一些同志脱离了危险。但由于当时山东党的负责人对叛徒缺乏警惕，致使党组织一再遭到破坏。1928 年 12 月，邓恩铭回济南向省委汇报工作。1929 年 1 月 19 日，邓恩铭按照组织安排，住在省委宣传部机关，突然遭到敌人逮捕。同时被捕的包括省委秘书长、团省委书记、山东济难总会负责人杨一辰等十多人。此后敌人又在叛徒的协助下，连续 3 次破坏省委机关，省委主要负责人武胡景、刘谦初、吴丽实等相继被捕。山东党组织连续遭到严重破坏。

邓恩铭等人被捕后，被关押在济南省府前街的警察厅拘留所。此时济南城被日军占领，拘留所为日军所属，国民党特务不能染指拘留所的事务。而这时日军要与国民党谈判解决"五三惨案"问题，无暇他顾，对被捕人员的审讯比较简单。第一次审问，邓恩铭以"黄伯云"的化名与敌人虚与委蛇。敌人拿不出证据，除了对杨一辰等3人进行了几次审讯，其他人之后基本上不再过问。

这是邓恩铭第三次被敌人逮捕。为了进行革命活动，邓恩铭一生用过14个名字。前两次被捕，主要是与帝国主义和反动军阀进行斗争，邓恩铭都以假名字，在党组织和家属的救护下，成功脱险。这一次，斗争的对象则包括了国民党反动派。因此从入狱时起，邓恩铭就料到了斗争的艰巨性，自觉挑起组织狱中斗争的重任。邓恩铭对难友们十分关心，每当家中送来饭菜，都要把好一点的送给有病的难友。这种行为感染着狱中的同志，大家相互关照，互相鼓励。艰苦的狱中生活导致邓恩铭脖子上的淋巴结核严重溃烂，邓恩铭痛苦难忍，一位共产党员不顾肮脏，不怕传染，用嘴帮助邓恩铭把脓一口一口吸了出来。

日军拘留所没有时间审问共产党人，也不会释放被关押的共产党人。1929年3月18日，中日两国政府签订《济南协定》，规定在两个月内，日军将济南城移交给国民党政府。邓恩铭等狱中的共产党人得知这一消息，认为国民党进驻济南，必然加强对共产党人的迫害。为此邓恩铭和狱中其他领导同志决定，利用日军和国民党政府交接期间比较混乱的机会，发动越狱斗争。

当时，被捕的共产党员被关押在4个监室，并且是与其他人员混合关押。杨一辰等人的监室里，关押着16名土匪犯，为首的头子叫李殿臣。这些人过去多是军阀部队的军官，胆大力壮，能打善战。既然在同一个监室，越狱就难以回避这些人，而经过杨一辰等人的工作，这些人不仅赞成越狱，还表示要在越狱中打头阵。

但土匪到底是土匪，难以一下子脱开匪性。由于邓恩铭等共产党员被分开关押，消息传递不便。在越狱方案还没有定下来时，杨一辰同囚室的一个不坚定分子企图向敌人告密。性情鲁莽的李殿臣认为事情已经暴露，不待与他人商量，立即仓促举事。

4月19日晚上，李殿臣等人借上厕所之际，打倒看守，缴枪10余支，鸣枪举事。杨一辰等人只好随同越狱，而其他监室的人员连镣铐也来不及打开，根本无法参加越狱行动。李殿臣等人越狱后，竟在中途停下来吸大烟，被敌人撵上抓了回来。这次越狱，只有杨一辰因身体虚弱，中途单独行动，最终成功脱险，新中国成立后，曾担任商务部部长等职务。

成也萧何，败也萧何，邓恩铭组织的第一次越狱斗争，就这样失败了。

第一次越狱失败，敌人加强了对监狱的控制。然而就在这时，国民党内部又开始了狗咬狗的争斗，给狱中共产党员的斗争提供了新的机会。

1929年5月，国民党山东政府从泰安搬回济南。当时国民党内有两个主要派别，一个是以蒋介石为头子的CC派，包括臭名昭著的特务组织中统，另一个是以汪精卫为头子的改组派。日军占领期间，在济南城活动的是改组派。随着国民党政权回到济南，CC派开始掌权，上来就查封了由改组派和共产党叛徒组成的国民党济南市党部。改组

派一看大事不好，纷纷逃避。由于要打垮改组派，CC派对改组派移交过来的案子也不当回事。山东省主席陈调元又是个只管捞钱的大军阀，懒得理事，把有关共产党人的案件都交给省高等法院处理。邓恩铭等人随之被转押到山东省立第一监狱。

由于监狱条件十分恶劣，邓恩铭在狱中发动了两次绝食斗争，并取得了胜利。之后，敌人为隔断共产党人与狱中一般犯人的联系，将共产党员都转移到一个大号内。这又为共产党人进行越狱斗争提供了有利条件。而经过斗争，敌人允许狱中人员的亲友探监，使狱中人员有了了解外面情况的机会，也便于越狱斗争的进行。

正当越狱斗争紧张进行的时候，又被一个自首分子探知。面对这一紧急情况，邓恩铭等采用声东击西的战术，假装因越狱难度太大引发相互争论，最后邓恩铭拍板决定：停止越狱的冒险行动。

此举果然迷惑了敌人。与此同时，越狱准备工作在加紧进行。首先，成立邓恩铭、纪子瑞、武胡景等5人指挥机构；接着，按照身体状况将狱中党员分成3个小队，每组6个人；同时，通过与家人见面的机会，与山东党组织进行联系。更重要的是，利用与家人通信时得到的信封，把厕所中用于清洁的石灰粉装进信封，放于信插，由每个人以领信为名，悄悄带进牢房，作为越狱时的武器。

就在此时，坏消息接连传来：敌人要对政治犯重新审判，轻罪重判，重罪杀头，个别人还要押往南京。这对狱中的共产党员是极大的威胁。而越狱斗争已准备就绪。刚好此时国民党为欺骗人民，南京司法部要派人到山东考察所谓"文明监狱"建设，济南城上到法院院长，下到监狱看守、杂役，天天为应付检查忙得上蹿下跳，狱中看管也比平常松懈。于是邓恩铭等决定趁机越狱。

7月21日，是个星期天。晚饭后，监狱只有少数狱警值班。突然，越狱的第一队人员从囚室中一涌而出，夺下第一道门。接着，第二队、第三队迅速行动，控制了第二道门，夺下看守的枪支。雇农出身、身强力壮的王永庆背起因虚弱不能正常行走的邓恩铭，和大家一起向外冲去。

惊慌失措的看守清醒过来，正准备举枪，第三队人员立即用事先准备好的石灰粉、沙土和棍棒，一齐向看守打去。看守猝不及防，纷纷抱头鼠窜。一个看守企图重新控制二道门，共产党员刘昭章眼明手快，抢上前去，将其打死。而饱尝石灰粉滋味的看守一个个紧闭双眼，无法反抗。经过激烈搏斗，越狱人员夺下了监狱的外大门，冲上大街，按原定计划，迅速分路疏散。

这次越狱斗争，组织严密，措施得力，非常成功，18位共产党员全都冲出了监狱。可惜长期的监狱生活严重损害了越狱人员的健康，一阵奔波后，再也没有力气快速跑动。他们的穿戴又与众不同，在敌人的追捕围堵下，很难冲出敌人的魔爪。邓恩铭同样因为身体虚弱，行动困难，看着追来的敌人而难以脱险。最后，多数同志都被敌人抓了回去，只有武胡景、何自声等6人越狱成功。

邓恩铭领导的这次越狱斗争，在全国造成了很大影响，震惊了国民党当局。山东省立第一监狱看守长因此被枪毙，山东省高等法院也受到南京政府"戒饬"。当时报纸纷纷报道，称之为"济南巨案"。

16 不惜唯我身先死

邓恩铭等人被捕回后，即被打入死牢，受到更加残酷的刑罚。但任凭敌人严刑拷打，邓恩铭始终以"黄伯云"的名字与敌人周旋。

1930年10月，韩复榘开始统治山东。韩复榘也是民国十大军阀之一，先在冯玉祥手下起家，后来投靠蒋介石，成了山东省的主席，1938年1月24日依照蒋介石的旨意，被军统特务枪决于武昌市平阅路33号内院一座小楼上。1930年的韩复榘，刚刚投奔蒋介石，急着为新主子效力，在新主子面前表现。而国民党山东省党部负责人张苇村，是CC系的重要成员，此时奉蒋介石之命，既暗中监视韩复榘，又和韩复榘一齐大肆屠杀共产党人，之后于1935年被韩复榘暗杀于济南。

这个时候的济南城，犹如一座人间地狱，终日警车呼号，军警巡游，一批批"共产党嫌疑"被投进监狱。白色恐怖笼罩着济南，笼罩着山东。

被关进国民党山东省第一监狱的共产党人越来越多。邓恩铭与刘谦初、吴丽实等，一起建立了狱中党支部，有组织地领导狱中难友进行斗争。1929年11月刚调任山东省委书记即被敌人逮捕的雷晋笙，根据狱中党支部的安排，主动组织难友学习用密码和暗语传递消息。邓恩铭经常鼓励狱中难友坚定斗争信念，同时千方百计保护党的组织和党的机密，保护狱中的同志。

共产党员马馥堂，曾经参加邓恩铭、王尽美组织的济南马克思学说研究会，经常在一起学习《共产党宣言》等革命书籍，彼此非常熟悉，这时和邓恩铭一起被关押在狱中。一次，敌人把邓恩铭带到刑讯室，逼问他是不是认识马馥堂。邓恩铭一口否认。敌人不相信，但没有证据，又于心不甘，于是对邓恩铭大打出手，企图逼问出一些线索。邓恩铭被打得浑身鲜血直流，依然咬定不认识马馥堂。邓恩铭就这样以鲜血保护着自己的同志。

此后，马馥堂走出了敌人的监狱。抗战爆发

后，1938年1月，山东抗日游击第四支队成立，山东省委书记黎玉任政委，马馥堂任供给部部长，英勇地战斗在中华民族救亡图存的战场上。

邓恩铭被捕后，党组织千方百计予以营救。邓恩铭在山东的贵州同乡再次接受党的委托，出面保释邓恩铭。而邓恩铭一直没有暴露自己的身份。1930年年初，国民党南京政府出于政治需要，假惺惺地制造所谓1931年元旦"特赦政治犯"的舆论。邓恩铭的二叔黄泽沛等加紧进行营救活动，黄泽沛的儿子黄幼云已经在办理"黄伯云"的保释手续。如果不出意外，邓恩铭很可能被保释出狱。

但就在这时，出现了意外。

韩复榘统治山东后，做起了独霸山东的美梦。蒋介石心知肚明，1931年年初，下令韩复榘率部去江西攻打红军，企图既增强"剿共"兵力，又借红军之手削弱非嫡系的力量。韩复榘兔精兔精，借口山东"共匪"猖獗，他要亲自坐镇，先剿灭山东的"共匪"。为了向蒋介石证明自己窝在山东很必要，韩复榘对共产党人大开杀戒，组织山东省临时军法会审委员会，专门屠杀共产党人。

韩复榘组织的临时军法会审委员会，由张苇村任委员长。张苇村是山东人，第一次国共合作期间与邓恩铭很熟，知道邓恩铭还有个名字叫黄伯云。蒋介石背叛革命后，张苇村亦步亦趋，绞尽脑汁迫害过邓恩铭等共产党人。知道狱中有个叫"黄伯云"的共产党，张苇村立刻想到此人可能就是邓恩铭。抓住邓恩铭，那可是大功一件！于是，张苇村心急火燎，连夜对邓恩铭进行审讯。

邓恩铭被带进审讯室。张苇村看着衣衫破烂、蓬头长发、瘦骨嶙峋的邓恩铭，竟然认不出来。但他贼心不死，鹰瞵虎视，看了好久，才从削瘦刚劲的下颏、炯炯有神的眼睛中，看到了当年英姿勃发、充满青春朝气的邓恩铭的影子。张苇村一阵狂喜，禁不住尖声怪叫："邓恩铭！"

邓恩铭进到审讯室，就看到了张苇村。早在1927年，邓恩铭在汉口与张苇村不期而遇，当时邓恩铭从国共合作的大局出发，对品质恶劣的张苇村网开一面。听到张苇村的怪叫，看着张苇村得意忘形的丑态，他知道，自己的身份完全暴露。于是冷冷一笑，不卑不亢、义正词严地说："不错，我就是中国共产党党员邓恩铭！"

张苇村凶相毕露："记得湖北邂逅之事吗？"

邓恩铭泰然自若："记得。没说的，我在鬼门关等你！"

之后仅仅过去 4 年，张苇村就进了阎王殿。但邓恩铭的死，重于泰山，青史流芳；张苇村的死，轻于鸿毛，遗臭万年。

邓恩铭的身份暴露后，立即被国民党作为要犯严加看管。国民党的凶狠残暴，邓恩铭司空见惯，对个人生死早已置之度外。

一天黄昏，一个老看守隐隐透露，临时军法会审委员会召开了特别会议。邓恩铭由此估计，国民党马上要对共产党人痛下杀手。

夜深时分，冷风习习，一片死寂，狱中的灯光鬼火般地闪动着，牢房里浸透着刺骨的寒意。满身疾病的邓恩铭强撑起病体，来到牢房门前，手扶铁窗栏杆，心潮起伏，思绪万千。他想到了贵州荔波的山歌，想到了南湖的红船，想到如火如荼的工人怒吼，想到齐鲁大地红旗漫卷、刀枪闪闪……

邓恩铭回到床前。这时，他想到凌晨油灯下吃力磨着豆腐的母亲，想到离开荔波时母亲慈爱的目光，想到自己14年没见到母亲，想到母亲已经14年没有见到儿子！母亲如山的大爱一阵阵涌上邓恩铭的心头。娘生儿，连心肉，儿行千里母担忧，而人世间最为揪心的辛酸悲伤，莫过于白发人送黑发人，莫过于父母送别儿女。生离死别之际，邓恩铭想到白发苍苍的母亲，想到山水相隔的亲娘，他仿佛看到母亲花白的头发和满脸的皱纹，看到母亲脸颊不尽的泪珠和忧伤……作为儿子，他想留给母亲一丝希望，给父母作一点最后的安慰，哪怕只是空中楼阁，昙花泡影。就着灰暗的灯光，邓恩铭给母亲写下一封饱含返哺之恩的书信，留下生命尽头的绝笔，书写出红色家书中令人肝肠寸断的一章。

但是，为了中华民族，为了人民大众，邓恩铭别无选择，虽九转而不回，虽九死而不悔！

也是在这封信中，邓恩铭把自己的生平、理想、信念，融进了一首感情真挚的诗篇：

卅一年华转瞬间，

壮志未酬奈何天。

不惜唯我身先死，

后继频频慰九泉。

　　这首诗的名字，是后人起的，叫《诀别》。但这首诗，应该有很多名字：光荣，期待，慨然，未来，奉献……短短一首七言绝句，犹如一曲英雄赞歌，恰似一首激昂战歌，寓意深远，慷慨悲壮，荡涤灵魂，砥砺后人！

17 捷报频传是归期

1931年4月5日，这天是清明节。清明，是中华民族的传统节日，既是扫墓祭祖的庄重日子，也是人们亲近自然、踏青游玩、享受春天乐趣的欢快节气。这时节，生气旺盛，阴气衰退，万物呈吐故纳新之象，大地现阳和启蛰之景。

但就在这一天，国民党对共产党人举起了血淋淋的屠刀。

在暗夜里疯狂屠杀共产党人，是国民党反动派的惯用伎俩，而共产党人为了迎接祖国的灿烂黎明，自然毫不吝惜在黎明前倾洒满腔热血。

凌晨，一片黑暗，一片昏沉。济南市伪公安局局长王恺如突然领着一群如狼似虎的军警，洪水野兽般涌进了第一监狱，把黑乎乎的枪口对准每一扇牢门。狱警鬼叫狼嚎般的提号声在魔窟中刺耳地响起，在暗夜里显得分外阴森恐怖："宋占一！纪子瑞！黄伯云……"

凶残的敌人一口气喊出 22 个名字。同志们知道，最后的时刻来了！大家毫无惧色，慨然奔赴刑场。邓恩铭拖着有病的身体，和监室的战友一一告别，从容走出牢房，和同志们会聚在一起。

敌人的监牢中，晃动的刺刀下，阴森的暗夜里，突然爆发出一片惊天动地的呼喊："中国共产党万岁！""打倒国民党！"

高亢的口号声划破黑暗，冲破监牢，似春雷，似战鼓，震撼着如墨的黎明，震荡着魔鬼的宫殿。

敌人的枪声响了，第一个高喊口号的山东省委妇女委员会书记郭隆真被敌人在监狱当场枪杀，鲜血染红了黑沉沉的监牢。但死亡吓不倒共产党人，愤怒的口号声依然直上云霄！

路旁，枪刺林立，前面，就是刑场。敌人将邓恩铭等 21 位共产党人押上 3 辆刑车，开往屠杀共产党人的纬八路刑场。车上，21 位共产党人，带着刚刚倒在敌人枪口下的郭隆真烈士的信念，齐声高唱共产党人的豪迈战歌——《国际歌》：

起来，饥寒交迫的奴隶！

起来，全世界受苦的人！

满腔的热血已经沸腾，

要为真理而斗争！

旧世界打个落花流水，

奴隶们起来，起来！

不要说我们一无所有，

我们要做天下的主人！

……

《国际歌》，是全世界劳动者的正义呐喊，是被压迫阶级反抗黑暗、争取光明的时代强音！21位革命先辈的悲壮歌声，犹如把把利剑，刺向暗空，刺破长夜，在黎明前的济南城上空激昂地回荡。21位英勇不屈的中国共产党员，迎着敌人的枪口，无所畏惧，视死如归，昂首向前！

清明时节，春草染翠，细雨纷纷。就在1931年清明节的这天凌晨，在国民党统治下的济南城，22位革命烈士同时遇难，英勇地倒在国民党的枪口下。遇难的烈士中，有4位中共山东省委书记：

邓恩铭，刘谦初，吴丽实，雷晋笙，有山东省委妇女委员会书记郭隆真，山东省委秘书长刘晓浦，山东省委宣传部部长党维蓉，青年团山东省委书记宋占一，还有陈德金、孙守诚、朱宵、李敬铨……

邓恩铭牺牲后，和其他烈士的遗体一起，被敌人遗弃在已经铺青盖翠的春草地上。之后，邓恩铭的遗体被黄泽沛和家人收殓入木，葬于济南城外千佛山下的"贵州义地"。

这一年，邓恩铭30岁。南国大山的优秀子孙，葬在祖国的北方大地，伴着泰山顶上的苍松翠柏，枕着万里黄河的不尽波涛，一起在这块钟灵毓秀而又多灾多难的土地上经风沐雨，在日月轮回的漫漫岁月里倔强地延续滋长。

10年前，邓恩铭光荣地出席了中国共产党第一次全国代表大会。而10年后，13位中共一大代表中，有3位先后离别人世：1925年8月，王尽美因病逝世；1927年12月17日，中共一大代表李汉俊在汉口被国民党枪杀；1931年4月5日，邓恩铭大义凛然地倒在敌人的枪口下。但严格说，李汉俊被国民党杀害时，已经在组织上脱离了共产党。作为中国共产党党员的一大代表，邓恩铭是为革命英勇牺牲的第一人，也是唯一一位被国民党枪杀于刑场上的党的一大代表！

泰山神秀，黄河奔流，五千年的历史长河中，齐鲁大地涌现出无数彪炳千古的英杰，在中华大地上闪烁着夺目的光彩。邓恩铭，则是齐鲁大地升腾起的又一颗灿烂耀眼的巨星！

青山埋忠骨，大地祭英魂。毛泽东和邓恩铭都是党的一大代表，彼此心心相通，笙歌相和。邓恩铭英勇就义后的几十年间，毛泽东对两人的革命友谊始终不能忘怀。新中国成立后，毛泽东曾经深情地对山东的同志讲："革命胜利了，不要忘记老同志。你们山东应该把王尽美、邓恩铭同志的情况搞清楚，应该收集烈士文物。"

著名诗人臧克家有一首脍炙人口的诗作："有的人活着，他已经死了；有的人死了，他还活着。"

而邓恩铭，在人们的心中永远不死，永远活着，永远是青春的笑容，永远是灿烂的青春！

1917年秋，邓恩铭即将从故乡奔赴遥远的山东求学。几位儿时伙伴和知心同学对邓恩铭的离别依依不舍，纷纷询问年轻的邓恩铭，何时能够重回荔波？邓恩铭朗声作答：

君问归期未有期，

回首乡关甚依依。

春雷一声震天地，

捷报频传是归期。

回来了，回来了！旌旗大纛，高歌大风，1949年10月1日，金风吹过，金菊飘香，神州大地迎来红旗漫天飞舞的辉煌时刻。捷报频传，礼炮轰响，春雷震天，新中国诞生了，一个崭新的天地呈现在中华民族面前。离别家乡33个年头的邓恩铭终于等到了回乡的归期，水族优秀的儿女终于回家了！

回家了，回家了！回到家的，是烈士千古不朽的英魂，是烈士热血化作的春光，是人们对烈士永远的怀念。家乡的父老乡亲把对邓恩铭的思念深深印在心底，融入贵州的山山水水。1979年11月，烈士故居被贵州省人民政府列为重点文物保护单位，故居门前那株200多年的古榕树，见证了一代伟人的成长，今天依然枝叶繁茂，四季常青。2011年1月6日，邓恩铭诞辰110周年之际，在荔波樟江园的邓恩铭广场，一尊邓恩铭铜像昂然矗立，铜像通高6米，底座用红色花岗石砌成，邓恩铭的铜像手握书卷，迈着矫健的步伐，阔步向前，显得青春勃发，铁骨铮铮，栩栩如生。

岁岁清明，年年春风。每当春风吹拂，春雨飞洒，邓恩铭，这个伟大的名字必定被一遍遍地呼唤。而英雄的身姿，永远矗立在祖国的天地之间，年年岁岁，岁岁年年，伴着春风春雨，时时温暖滋润着欣欣向荣的中华大地，激励鼓舞着每一个华夏儿女。英雄的生命，犹如泰山顶上刚毅挺拔、傲立天地的勃勃青松，和着中华民族伟大复兴的梦想，郁郁葱葱，长盛不衰，永远不老，永远年轻！

图书在版编目（CIP）数据

邓恩铭/张树军主编；王相坤，李克实编著．-- 北京：
学习出版社，2020.9（2021.5重印）
（中华先烈人物故事汇）
ISBN 978-7-5147-0996-4

Ⅰ．①邓…　Ⅱ．①张…　②王…　③李…　Ⅲ．①邓恩铭
（1901-1931）－传记　Ⅳ．①K827=6

中国版本图书馆CIP数据核字（2020）第149830号

邓恩铭
DENG ENMING

主编/张树军　副主编/王相坤　编著/王相坤　李克实

责任编辑：苏嘉靖　　封面绘画：徐玉华
技术编辑：胡　啸　　内文插图：姜　超
美术编辑：杨　洪

出版发行：学习出版社
　　　　　北京市东城区崇外大街11号新成文化大厦B座11层
　　　　　（100062）
　　　　　010-66063020　010-66061634　010-66061646
网　　址：http://www.xuexiph.cn
经　　销：新华书店
印　　刷：北京市密东印刷有限公司

开　　本：787毫米×1092毫米　1/32
印　　张：5.125
字　　数：73千字
版次印次：2020年9月第1版　2021年5月第2次印刷

书　　号：ISBN 978-7-5147-0996-4
定　　价：20.00元

如有印装错误请与本社联系调换，电话：010-67081356